大家小书

元史讲座

韩儒林 著

北京出版集团公司
北京出版社

图书在版编目（CIP）数据

元史讲座 / 韩儒林著. — 北京：北京出版社，2020.3（2024.8 重印）
（大家小书）
ISBN 978-7-200-15116-9

Ⅰ. ①元… Ⅱ. ①韩… Ⅲ. ①中国历史—元代—通俗读物 Ⅳ. ① K247.09

中国版本图书馆 CIP 数据核字（2019）第 193312 号

总 策 划：安　东　高立志　　责任编辑：司徒剑萍　李更鑫

·大家小书·
元史讲座
YUANSHI JIANGZUO
韩儒林　著

出　　版　北京出版集团公司
　　　　　北京出版社
地　　址　北京北三环中路 6 号
邮　　编　100120
网　　址　www.bph.com.cn
总 发 行　北京出版集团公司
印　　刷　北京华联印刷有限公司
经　　销　新华书店
开　　本　880 毫米 ×1230 毫米　1/32
印　　张　7.5
字　　数　130 千字
版　　次　2020 年 3 月第 1 版
印　　次　2024 年 8 月第 3 次印刷
书　　号　ISBN 978-7-200-15116-9
定　　价　56.00 元

如有印装质量问题，由本社负责调换
质量监督电话　010-58572393

总　　序

袁行霈

“大家小书”，是一个很俏皮的名称。此所谓“大家”，包括两方面的含义：一、书的作者是大家；二、书是写给大家看的，是大家的读物。所谓“小书”者，只是就其篇幅而言，篇幅显得小一些罢了。若论学术性则不但不轻，有些倒是相当重。其实，篇幅大小也是相对的，一部书十万字，在今天的印刷条件下，似乎算小书，若在老子、孔子的时代，又何尝就小呢？

编辑这套丛书，有一个用意就是节省读者的时间，让读者在较短的时间内获得较多的知识。在信息爆炸的时代，人们要学的东西太多了。补习，遂成为经常的需要。如果不善于补习，东抓一把，西抓一把，今天补这，明天补那，效果未必很好。如果把读书当成吃补药，还会失去读书时应有的那份从容和快乐。这套丛书每本的篇幅都小，读者即使细细地阅读慢慢地体味，也花不了多少时间，可以充分享受读书的乐趣。如果把它们当成补药来吃也行，剂量小，吃起来方便，消化起来也容易。

我们还有一个用意，就是想做一点文化积累的工作。把那些经过时间考验的、读者认同的著作，搜集到一起印刷出版，使之不至于泯没。有些书曾经畅销一时，但现在已经不容易得到；有些书当时或许没有引起很多人注意，但时间证明它们价值不菲。这两类书都需要挖掘出来，让它们重现光芒。科技类的图书偏重实用，一过时就不会有太多读者了，除了研究科技史的人还要用到之外。人文科学则不然，有许多书是常读常新的。然而，这套丛书也不都是旧书的重版，我们也想请一些著名的学者新写一些学术性和普及性兼备的小书，以满足读者日益增长的需求。

“大家小书”的开本不大，读者可以揣进衣兜里，随时随地掏出来读上几页。在路边等人的时候，在排队买戏票的时候，在车上、在公园里，都可以读。这样的读者多了，会为社会增添一些文化的色彩和学习的气氛，岂不是一件好事吗?

“大家小书”出版在即，出版社同志命我撰序说明原委。既然这套丛书标示书之小，序言当然也应以短小为宜。该说的都说了，就此搁笔吧。

《元史讲座》导读

清华大学国学院　刘迎胜

北京出版社出版的韩儒林先生的《元史讲座》，系由两部小书合刊而成。第一部分如书名所示为《元史讲座》，第二部分为《成吉思汗》。

《元史讲座》为半个世纪前韩儒林先生在中央党校的讲演稿，总共分为十二讲的内容。该讲座言简意赅地讲述了元朝的历史及其研究成果，虽是普及性读物，但可读性与学术性兼具。

在本书序言中，韩先生先讲元朝的起始时间。针对一些史学著述中的不同说法，如1206年（成吉思汗建大蒙古国）、1234年（灭金）、1260年（元世祖忽必烈即位）、1271年（建国号“大元”）与1279年（南宋残余势力被灭）诸说（其中以采用1271年的较多），明确指出元朝历史应从成吉思汗1206年建国起算，至1368年明军攻入大都，前后共一百六十余年。至于为什么元世祖忽必烈以前，元太祖成吉思汗、太宗窝阔台、定宗贵由、宪宗蒙哥时期的历史也计为元朝历史，陈得芝先生已有文论述甚详，可参阅。

书中韩先生讲述了元朝的疆域与多元文化。元朝疆域可分为蒙古帝国与元廷直辖区两个部分。蒙古帝国的疆域最盛时东起西太平洋，西抵东欧和地中海，北达西伯利亚，南至波斯湾与东南亚，其西部实际上划分为三个半独立的汗国，即分别由成吉思汗长子术赤（Joči）建立的钦察汗国、次子察合台（Čaγtai）建立的察合台汗国和元世祖忽必烈同母弟旭烈兀（Hülegü）建立的伊利汗国。元廷直辖区主要包括成吉思汗的肇兴地蒙古本土、汉地（包括原金、宋统治区）、西夏、云南，以及属国如高丽、安南等。

由于元朝疆域广袤、民族众多，其历史不但关系国内各民族，还牵涉许多国家，因此记载元史的文献，不仅如历朝历代一样有汉文史料，且有当今国内其他民族文字如蒙古文、藏文、畏兀儿文史料，以及当时世界上其他文明圈所使用的文字写成的文献，如拉丁文、古俄文、波斯文、阿拉伯文、亚美尼亚文等史料。各国学者皆据己之所长开展研究，因此元史研究有很大的国际性。

韩先生从蒙古的名称及祖先传说讲起，介绍了辽金时代漠北的五大游牧部落集团，即蒙古高原东部的蒙古、塔塔儿（Tatar），北部的蔑儿乞（Merkit），西南的克烈（Kere'it）与西部的乃蛮（Naiman）部。进而讲述成吉思汗通过“十三翼之战”“斡里札河之战”等一系列的战斗，逐渐积蓄实力，打破了上述草原五大部落间的力量平衡，最终灭亡诸部落，建立大蒙古国，统一蒙古高原的历史进程。

韩先生将元朝历史划分为两段：第一段为大蒙古国时期，即自成吉思汗建国至忽必烈建国号。这一时期再以1234年灭金为界分为前后两个时期，主要是蒙古帝国的历史。第二段则以忽必烈及其子孙统治时期为主要线索，也再细分为三个时期：第一期为元世祖忽必烈朝，第二期为忽必烈孙元成宗铁穆耳（Temür）朝至文宗图帖木儿（Toq Temür）朝，第三期为元顺帝朝。

在讲述历史的同时，韩先生还在书中介绍了元朝的经济情况、统治集团间的斗争与腐化、各族人民的反元斗争、东西方交往及元朝历史地位，实事求是地讲解了元朝对中国历史的贡献。

此外，韩先生专门梳理了国内外元史的研究概况，涵盖清末至民国到当代我国的元史研究工作，以及苏俄、德国、法国、英国、日本等国汉学家的元史研究。同时，还简要介绍了《元史》以及此后订补续修之文献，如《元史类编》《元史新编》《元书》《元史译文证补》《新元史》《蒙兀儿史记》，蒙古文史料《元朝秘史》《黄金史》，波斯文史料《世界征服者传》《史集》，以及世界著名蒙古史著作——多桑的《蒙古史》。

韩先生不仅注重对史料的研究，还在此基础上提出，科学研究要避免闭门造车，要关注世界学术同行的研究动态，学习西方国家学者努力掌握语言工具的传统。史学研究只能依据材料得出结论，而不能先有结论，后找论据。他特别强调，“每个民族、每个地区有它自己的特点”，反对用教条主义式的研究方法。这些意见至今仍然有重要价值。

本书第二部分《成吉思汗》最初由江苏人民出版社出版，系由韩先生的学生整理成文，其史料来源基本是《元史·太祖纪》《圣武亲征录》《元朝秘史》与波斯文《史集·成吉思汗纪》《世界征服者传》。

韩先生以蒙古高原上的争斗开篇，讲述了铁木真平息各部冲突的历史，即通过“十三翼之战”壮大自身的力量，在“斡里札河之战”中为父祖复仇，并在日后的地区争夺中挫败克烈、乃蛮诸部落，成为草原霸主，统一蒙古高原。铁木真于1206年建“也可蒙古兀鲁思”，即大蒙古国，并尊号“成吉思汗”，颁布施行一系列措施，使得蒙古民族共同体得以形成。

接着，韩先生讲述了蒙古帝国的对外扩张历程，包括三征西夏、南下攻金，特别是对世界中世纪后期历史有重大影响的西征——灭亡西辽、攻灭花剌子模。成吉思汗生前最后一次军事征伐即灭亡西夏。成吉思汗在西征回师后，以背盟为由，再度对西夏用兵，并包围其都城中兴府（今宁夏银川）。1227年，成吉思汗在六盘山区病重，病逝于出征途中。

最后，韩先生简要概括了成吉思汗的历史功绩。其要点为：第一，高度评价他统一大漠南北、促进蒙古民族共同体形成的作用；第二，肯定其结束唐朝“安史之乱”后中国的分裂局面，并最终由其子孙完成国家统一的贡献；第三，对西征，则提出虽然给中亚、西亚人民带来苦难，但也打破了欧亚大陆上各政权之间此疆彼界之限，促进了东西文化交流的看法。这些观点为当今元史学界所普遍接受。此外，文后还附有《成吉思汗生平大事年表》，便于读者翻阅对照。

目 录

元史讲座

成吉思汗

元史讲座

序　言

在讲元史以前，首先谈一谈元史的基本特点。

元朝的版图很大，但时间不长。过去讲元史的，将它截头去尾，从1279年南宋最后一个皇帝帝昺投海死算起，到1368年朱元璋部下攻下北京，元顺帝北逃为止，这算作元朝。实际上，从1206年成吉思汗建国到元朝统一中国有七十多年；从元朝统一全国到1368年元朝灭亡为止，又有近九十年。合起来共有一百六十多年的时间。时间虽然只有一百六十多年，可是它东北到朝鲜、库页岛，西到东欧、地中海，南到爪哇，北到西伯利亚等广大地区。在当时的世界上，亚、欧两大洲几乎没有一个民族和它没有发生过关系。因此，当时亚、欧两大洲文化水平较高的民族，都有关于它的记载。东方有汉文、日文的记载，中亚和西亚有波斯文、阿拉伯文、格鲁吉亚文和亚美尼亚文等诸种文字的记载，欧洲还有拉丁文、古俄文的记载。如果研究元史，想把所有有关的记载都读一遍，那可不是一件容易的事情。世界上研究元史的人很多，日本人称为蒙古史；欧洲有所谓东方学，其中一支是蒙古史。除了中国以外，蒙古人民共和国[①]当然用不着谈了，苏联也有很多专家研究蒙古史；资本主义国家，如日本，研究蒙古史的专家比我国还多，欧洲如法国、德国和英国也有很多研究蒙古史的专家，尤其是法国，从十九世纪末叶到二十世纪前半期，几乎成为研究蒙古史的一个重要地方。近二十年来，美国也开始在研究。

我们祖国的多民族大家庭中，现在有五十多个民族。从语言系统上来看，大体上可以分为两大系统：一个是汉藏语系，另一个是阿尔泰语系。它们的分界线大体上可以长城为界，长城以北的是阿尔泰语系，长城以南的是汉藏语系。汉藏语系包括汉、藏缅、壮侗、苗瑶等语族，阿尔泰语系包括突厥（新疆维吾尔族是突厥族的一支）、蒙古、满-通古斯（女真、现在的满族都属于通古斯族）三个语族。从民族关系来看，无论在军事上、政治上，阿尔泰语系各族和汉族的往来最密切。

历史上的蒙古族和今天的蒙古族的分布有些不一样。今天的蒙古族分布在三个地方：一个是苏联贝加尔湖一带的布

① 本书地名均为作者写作时代的旧称，为保存原貌，本书再版时一仍其旧。——编者注

利亚特蒙古自治共和国，一个是蒙古人民共和国，一个是我国的内蒙古。在这三个地区里，内蒙古的人口最多，约有一百六七十万，蒙古人民共和国约八九十万，布利亚特蒙古自治共和国有三十万人。蒙古史所包括的范围很广，而元史只不过是蒙古史中的一部分，但是，这是蒙古历史中的一个最重要的时代。成吉思汗有四个儿子：长子朮赤在苏联境内建立了钦察汗国，次子察合台在中亚细亚建立了察合台汗国，三子窝阔台在天山北麓建立了窝阔台汗国，幼子拖雷仍守蒙古祖产。拖雷的儿子忽必烈建立元朝统一了中国，旭烈兀在波斯建立了伊利汗国。因此，研究蒙古历史就要包括这样广阔的地方。

下面我们简单地谈一谈元史的划分阶段问题。

1206年，全蒙古贵族在斡难河（今鄂嫩河）畔举行大会，推举铁木真为全蒙古的大汗，并上尊号为成吉思汗。这一年也就是成吉思汗建国的一年。1271年忽必烈宣布改国号为大元。从1206年到1271年称为大蒙古国时代。

大蒙古国时代，还可分为两个阶段：从1206年到1234年灭金，为一阶段，因为金朝灭亡意味着淮河以北的整个北方为蒙古人所占领；从1234年到1279年南宋灭亡，为另一阶段。这一阶段主要是蒙古和南宋进行斗争的时期，经过四十五年的斗争，最后蒙古人统一了全国。

元朝历史可划分为三个阶段：1260年是忽必烈掌握政权的一年。从忽必烈掌握政权算起，到1368年元朝灭亡为止有一百零八年。这一百零八年可分为三个阶段：忽必烈在位时期共三十五年，可以作为一个阶段，这是他接受汉法的时期（汉法就是汉族的封建统治制度，忽必烈就用汉人的封建制度来统治汉人），时间是从1260年到1294年。从1294年忽必烈死，到1333年元顺帝即位前的三十九年间，可以作为一个阶段。这一阶段是皇族内部争夺王位的时期，其中大多数皇帝都是在位只几年就死了。元朝最后一个皇帝元顺帝在位的时间也是三十五年，又可以作为另一个阶段。在这一时期中，全国各地人民的反元大起义蓬勃发展起来了，如红巾军的起义。起义时间是从1333年元顺帝即位到1368年元朝灭亡。

下面还需要简单地谈一下研究元史的史料，因为以后还要不断地提到。

1.《元史》，明朝宋濂等撰。朱元璋攻下北京（洪武元年，1368年）就下令修《元史》。但是对于元朝末年顺帝时的材料没有收集齐备，于是派人到各地采集遗事，又修了几个月。两次合起来不到一年时间，《元史》就修成了。因为成书很快，取材不广，编纂人也不够认真负责，有为一人立两个传记的。但《元史》是明初编成的，离元朝时代不远，其中谬误之处虽多，但可用的材料也不少，是研究元史不可缺少的基本材料。

由于《元史》存在许多缺点，因而有许多人想重写或改写。但是因为它是官修的，明朝没有人敢重写，于是就陆续出现了《元史续编》《元史补遗》一类的著作。

2.《元史类编》，是清康熙时邵远平编的。邵远平的曾祖邵经邦在明末时曾著有《弘简录》，目的在于续郑樵的《通志》。邵远平著《元史类编》的目的在于续《弘简录》。所以《元史类编》一书又名《续弘简录》。此书只有纪、传，没有表、志。

3.《元史新编》，是清朝魏源编的。鸦片战争时，林则徐到了广州以后，从澳门得到一些西方书报，派人选译。关于外国历史、地理的材料魏源据以编成《海国图志》。同时他知道了西方也有关于元朝的材料，可补《元史》的材料不足。于是纂成这部《元史新编》。但由于时代的限制，他所见到的材料还是有限，今天看来并没有多少价值。

4.《元书》，清末邵阳人曾廉编。这本书以魏源的《元史新编》为蓝本，又增加了一些事实。但搜罗不广，价值也不太高。

5.《元史译文证补》，清末洪钧撰。作者于光绪十五年至十八年（1889年—1892年）任驻俄公使。当他初到列宁格勒时，恰好俄国人贝勒津翻译的《史集》出版（《史集》是十四世纪初期波斯人拉施特关于蒙古史的重要著作），洪钧发现《史集》和《元朝秘史》《圣武亲征录》等汉文材料事实基本相同，于是根据《史集》俄译本，并参考多桑的《蒙古史》，从事考证和补充《元史》，因而写成了《元史译文证补》。这是中国人利用西方著作研究蒙古历史的开端。书中对于元宪宗以前史事的证补较为精密。

6.《蒙兀儿史记》，武进人屠寄撰。本书非为订正《元史》而作，内容不限于元朝一代，对三大汗国，记载也很详细。取材除旧《元史》以外，还收罗了许多西方史料。这本书并没有完成，只编成了二十八册，屠寄就死了。屠寄在这部书中，有自注说明自己的意见。最大的缺点是有些地方太武断。

7.《新元史》，胶州人柯劭忞著。作者是屠寄同时的人。他利用了洪钧的《元史译文证补》、屠寄的《蒙兀儿史记》等书，间接吸收了西方史料，同时采取了钱大昕、魏源、何秋涛、李文田等人的研究成果，又根据《元朝秘史》《元典章》《元经世大典》残本等史料充实和修正了《元史》。《新元史》好像是一部官书，材料都不注明出处。所以我们引用材料时，还得查找原材料的来源。《新元史》究竟搜集了不少资料，对我们研究元史是有帮助的。

除了这些材料以外，还有关于元朝政治制度和经济情况的材料。如《元典章》，这是把元朝政府档案中有关各项制度的法令汇集而成的，分诏令、圣政、礼部、工部、兵部、刑部等十门，记载了元朝英宗以前的典章制度，是研究元朝政治、经济、法律、风俗习惯的重要资料。此外，元朝留到现在的文集有二百多种，其中有许多人物传记和奏章。这些材料都很有用处。

以上都是汉文材料。关于这一方面的材料是很多的。除了汉文材料以外，还有蒙古文材料。

现在世界上研究《元朝秘史》的人很多。为什么叫作“秘史”呢？因为这里面记载的事迹是不能外传的。此书于1240年在克鲁伦河畔的行宫写成，记载了成吉思汗和他祖先的事迹。其中有许多事情不能为外人知道，例如成吉思汗曾经用弓箭射死自己的兄弟；他的母亲诃额仑是他父亲从蔑儿乞部抢来的；他的妻子孛儿帖和他刚结婚不久就被蔑儿乞部人抢走了，回来时生下一个孩子。由于这些事关秘禁的材料，不能让外人看，所以称为“秘史”。明初编写《元史》的时候，派人把《元朝秘史》译成汉文，他们根据蒙古文的读音用汉字拼出，每一段后面都译出汉文。全书共分二百八十二节。这本书有各种文字的版本，资本主义国家和苏联都有不同的版本，有的根据蒙古文用拉丁字母译写，有的根据蒙古文译成欧洲文字。

此外还有一部《黄金史》。这本书的孤本是蒙古人民共和国科学委员会在今乔巴山省发现的，已经刊行。

除此以外，在苏联、蒙古人民共和国和我国的云南、内蒙古还保存着一些蒙古文碑刻，这些东西就像汉文中的甲骨文一样，非常宝贵。

除了蒙古文的材料以外，当时波斯也是一个具有高度文明的国家，所以也有许多有关的历史记载。除了拉施特的《史集》以外，还有志费尼的《世界征服者史》。志费尼是波斯人，1252年曾经跟随他的父亲东来朝见元宪宗蒙哥（忽必烈的哥哥），到达了和林（现在的乌兰巴托西南）。和林是当时蒙古的都城。他们父子在蒙古皇帝手下做过大官，对于蒙古的情况非常熟悉。要知道蒙古人在中亚细亚，特别是在波斯一带的活动情况，就看这本书。这部书有英译本，但还没有汉文译本。我们希望在一二年内能够译出来。

前面所提到的《史集》的作者拉施特也是波斯人，他是波斯的蒙古皇帝的丞相。蒙古皇帝把皇室内部的秘密记录，即所谓“金册”给他看了，所以他了解蒙古族先世的情况。此外，在呼伦贝尔地区有一个孛罗丞相，忽必烈派他去波斯。他到了波斯以后就不回来了。孛罗丞相对于东方的情况很清楚，帮助拉施特写成了这部书的蒙古史部分。这部书共分三编，第一编分两册，第一册部族志，记载蒙古先世、古代传说、其来源及居住地区的形势。这些都是非常宝贵的材料；第二册成吉思汗传，记载成吉思汗一生的事迹。第二编讲中国的蒙古皇帝，从元太宗窝阔台，直到元成宗铁穆耳时代的史事。第三编讲波斯蒙古王朝的历史，从旭烈兀到合赞汗时的史事。洪钧所翻译的就是《史集》的第一编第二册的成吉思汗传。此书近年有新的俄译本，1946年出版了第三编，1952年出版了第一编，1960年出版了第二编。这部书对于研究元史很有帮助，我们也应该把它译成汉文。

十九世纪前半期，亚美尼亚人多桑，参用西方传教士用法文翻译的中国文献和阿拉伯文、波斯文的记载，编成了一部法文《蒙古史》。在波斯文和阿拉伯文的材料没有翻译成汉文以前，这部书对我们很有用处。其中所提供的材料在今天还是有参考价值的。

一、十二世纪末的蒙古人

（一）蒙古的名称和祖先传说

历代汉文史籍中蒙古这一名称的译音约有二十多种。归纳起来，大致可以分为三个系统：

<table>
<tr><td>蒙　兀</td><td>蒙古里</td><td>忙豁勒</td><td>不同时代的译名</td></tr>
<tr><td>蒙　古</td><td>萌　古</td><td>蒙　骨</td><td rowspan="2">通古斯语族（女真人、满洲人）读音的译名</td></tr>
<tr><td>蒙古斯</td><td>萌古斯</td><td>盲骨子</td></tr>
</table>

蒙古族最早的分布地区在哪儿？据新、旧《唐书》记载，额尔古纳河（《旧唐书》称望建河）从俱轮泊（今呼伦湖）往东流经蒙兀宝韦（现在内蒙古呼伦贝尔盟），唐朝时在这一带有许多部落，其中的一支称蒙兀。所以我们知道唐朝的蒙古就

在呼伦贝尔盟附近。辽、金时代记载，蒙兀始终在这一带地区活动。这是汉文史料的记载。蒙古传说自己的祖先是苍色的狼和白色的鹿相结合而生的儿子。这个传说是蒙古人承袭其他民族的传说发展而来的。在古代西北民族中，乌孙、高车、突厥等民族都崇拜狼并且以它为图腾，蒙古人的祖先传说就是承袭了这些民族的传说。后来蒙古民族强大起来了，又和西方的回教民族，如波斯人、阿拉伯人（他们信仰天方教——伊斯兰教）接触。于是蒙古人又承袭了伊斯兰教的传说。到了明朝末年，喇嘛教从西藏传入蒙古地区，喇嘛编写蒙古历史，又把西藏佛教的传说写到蒙古史里去了。所以在蒙古史里，关于蒙古祖先的传说，有突厥的成分，有回教的传说，还有喇嘛教的成分。只要对比进行分析，我们就可以知道哪些传说是本民族的，哪些传说是附会的。

（二）十二世纪末的漠北诸部落

在成吉思汗时代，北方就有几十个名称不同的部落，当时他们的生活情况、文化水平和经济状况都不一样。克鲁伦河、土剌河、色楞格河、斡难河和鄂尔浑河一带，历来是北方民族活动的地方。这一带以北是贝加尔湖。这里是一片森林，东部有很好的草原，再往南就是戈壁地带了。从北往南，森林地区、草原地区、戈壁地区在蒙古高原上，分布得相当清楚。当时草原地区部落最多，森林地区全靠狩猎、采集为生，生活艰苦，文化水平低。再往南，人口就稀少了。

当时草原地区有哪些部落呢？从《元朝秘史》和拉施特《史集》的《部族志》中，我们知道当时有几十个部落。根据史料来分析，这几十个部落大致可以分为五大集团。

1. 蒙古部以成吉思汗出生的孛儿只斤氏族为主体，活动在克鲁伦河、斡难河、土剌河（今图拉河）这三条河的发源地带，称为不尔罕山（今肯特山）的地方。

2. 东边的塔塔儿等十一个部落，就是历史上经常提到的鞑靼，活动在呼伦、贝尔两湖地区。

3. 北边的蔑儿乞三部，活动在色楞格河和鄂尔浑河合流的地区。

4. 西南的克烈，活动于土剌河流域。克烈部有不少分族。

5. 西边的乃蛮，活动在阿尔泰山和鄂尔浑河地区，直到新疆。

在这五大集团以北，是森林地区，分布着拉施特《史集》和《秘史》中所说的林木中百姓。这五个集团的文化水平也不一致，乃蛮有文字，受畏兀儿文化的影响。克烈人和乃蛮人信奉景教（基督教），塔塔儿、蔑儿乞、蒙古信仰珊蛮教。塔塔儿人受金人的影响较深。五个集团的种族可能也不同。林木中百姓则文化较低。东部略有农业。

克烈部的首领叫王罕。罕就是王的意思。因为他助金人打败了塔塔儿人，受金人册封为王，又以汗的名号加在王之下，所以称为王罕。乃蛮的首领叫太阳罕。太阳其实就是汉文大王。而大王这一称号也是金帝所封的，所以称为太阳罕。蔑儿乞的首领叫脱脱。塔塔儿集团的首领在一定的时期是札木合。

二、蒙古的统一

（一）掠夺和仇杀

当时各部落之间不断地进行战争，就战争的性质来说，不是抢掠就是复仇。

成吉思汗和札木合的最早一次战争，就是蒙古历史上有名的“十三翼之战”。札木合的弟弟去掠夺成吉思汗部下的马群而被杀。札木合借口为弟复仇，于是集合了十二个部落去攻打成吉思汗。成吉思汗也把自己的各部落分作十三翼去迎战。翼在蒙古语中称为“古列延”，是一种游牧方式，几个帐篷围成一圈，称为翼。所以称为“十三翼之战”。他们就是这样互相抢掠、攻打，有的被打倒了，有的解体了，有的合并到别的部落。另外一种战争就是仇杀，特别是成吉思汗和塔塔儿的战争。成吉思汗出身于孛儿只斤氏族。他的曾祖合不勒的兄弟俺巴孩女儿出嫁，俺巴孩亲自去送嫁，被塔塔儿人捉去，送给女真人。女真皇帝把俺巴孩杀死了。后来成吉思汗的父亲也速该路过塔塔儿部，因为口渴，向塔塔儿人讨水喝。根据蒙古人的习惯，过路人饿了可以到蒙古包里借饭吃，借住宿。但是塔塔儿人认识也速该，记起了以前被抢掠的仇恨，于是用毒药把他害死了。这样，成吉思汗和塔塔儿人有了祖、父两代的仇恨。当女真人攻打塔塔儿部时，成吉思汗就帮助女真人进攻塔塔儿部。

（二）成吉思汗统一蒙古

十二世纪末蒙古高原上各个集团互相争夺，互相屠杀，使得草原上的人民不能安居乐业，正如《元朝秘史》中的诗句所描绘的："天下扰攘，互相攻劫，人不安生。"当时的人民连吃饭和睡觉都不安宁。人民要求统一，希望制止这种抢掠和残杀的战争，这是各部落人民的一致要求。当时也有一些条件可以说是偶然性的因素，帮助了成吉思汗完成统一蒙古的事业。呼伦贝尔的水草非常丰腴。呼伦贝尔是塔塔儿部所占据的。当五个集团并存的时候，谁也打不垮谁，势力是均衡的。

因为呼伦贝尔草原非常肥沃，可以供养很多马、羊，提供许多军用物资，是个非常重要的地方，所以成为历代争夺之地。金朝在这里修了界壕，花了很大的力量，主要是防止塔塔儿人。因为它不断地受到塔塔儿人的侵扰。

金朝的历史是蒙古人编的，可能不全。金朝末期曾经三次出兵北征，这就是1195年的栲栳泺之役、1196年的斡里札河之役和1198年的移米河之役。栲栳泺就是呼伦湖；斡里札河在栲栳泺以北，即苏联境内的乌尔朵河；移米河在呼伦贝尔盟，即今海拉尔的伊敏河。在1196年的斡里札河之役中，成吉思汗和克烈族的王罕参加了金朝对塔塔儿的袭击。结果塔塔儿大败。金朝便封成吉思汗为“札兀惕忽里”。“札兀惕”即汉文史籍中的“乣”，乣军即金朝北方的边防军。“忽里”是统帅的意思，成吉思汗就是乣军的统兵官。这是一种比较合理的解释。这种官地位不很高。更高的称号“王”，给克烈部首领了。

塔塔儿人对于成吉思汗帮助女真人打败了自己，是非常痛恨的，他们认为成吉思汗和塔塔儿是同族人，而成吉思汗却帮助女真人来打同族人。于是在1200年，塔塔儿联合了附近的合答斤、撒勒只兀惕、朵儿边、翁吉剌等十一部，在呼伦贝尔北部的刊河（即今内蒙古根河）组成了一个部落联盟，推札木合为首领，对成吉思汗进行报复。由于联盟内部不和，战争一开始，札木合便失败了。当时成吉思汗帮助女真人打了胜仗，威信很高，而刚刚受到这种挫折的东方集团内部又不统一，塔塔儿便衰败下去了。成吉思汗便占领了塔塔儿人这块最肥沃的草原。于是五个集团失去了均势，成吉思汗控制了两个集团的富饶草原，比他原来的力量增加了一倍。新占领的呼伦贝尔草原给成吉思汗提供了大量的战马和更多的牛羊，他的势力也就发展起来了。1203年他消灭了强敌克烈部，1204年又灭了乃蛮。后来当他西征时，命令耶律楚材为他起草致邱处机的诏书中说道："七载之中成大业。"就是说他从1200年消灭东方的塔塔儿以后，经过六七年的战争，统一了整个漠北。女真人并不是诚心帮助成吉思汗的，而是为了解除北方塔塔儿对自己的威胁，然而却间接地帮助成吉思汗消灭了塔塔儿，发展了他的势力，使他几年之内就完成了蒙古统一的事业。历史中的偶然性是不可轻视的。

1206年，成吉思汗消灭了邻近各部落后，蒙古贵族在斡难河畔举行了忽里勒台（大聚会）。在此以前，他们信奉珊蛮教（清朝称萨满教，即巫教）。珊蛮教的巫师阔阔出声称：以前称为古儿汗（全体之汗）尊号的首领都已败亡，因此，不宜再用这一称号；现在奉天之命，应称为成吉思汗。"成吉思"似乎是从突厥语"腾吉思"演变的，有大海之意。从此以后，成吉思汗的政治地位，正式而合法地巩固起来了。

当时中原王朝和北方民族直接接触的是女真人，而不是蒙古人。蒙古在正史中的材料是很少的。汉文史籍上称之为阻卜、鞑靼。蒙古的名称是从成吉思汗起开始正式使用的。成吉思汗以前，蒙古族有几十个部落，如乃蛮、塔塔儿等，没有一个总的名称。鞑靼强大的时候，其余各部落曾经都称为鞑靼；成吉思汗强大起来以后，就放弃了鞑靼这个名称，使用了蒙古这个名称。蒙古成为一个概括其他各部落的名称，在世界政治舞台上沿用到今天。

（三）成吉思汗的军事政治设施

成吉思汗刚称汗的时候，机构非常简单。当时他们主要是从事抢掠，首先是抢马，其次就是抢牛、羊。因此，最初的组织就只有管骟马的人和管牛羊、管饮食、管工具和管钱财的人。1204年蒙古部强大起来后，原来的建制就不够用了，于是设立了千户、百户、牌子头。牌子头管十人。此外又设置了护卫的组织，即大汗的卫队。在护卫中又分三种，即：宿卫、散班、勇士。宿卫是保护皇帝的，值夜班；散班在白天值班；勇士是为成吉思汗出征时打冲锋的。1206年统一蒙古各部后，军队增加了，人口也增多了，在千户上面又设立了万户。万户分为：左手万户、右手万户和中军万户。千户共有九十五个，但是只有八十八个功臣。因为有的一人领几个千户，譬如阿剌兀思剔吉忽里一个人就管了汪古部的五个千户。护卫组织和勇士也有了改变，另外设立了带弓箭的，由宿卫值夜班，带弓箭的和散班值白天班，人数共有一万人。护卫就是元朝的怯薛，给皇帝做卫士的，由四家蒙古贵族管领。

在成吉思汗攻打乃蛮时，俘虏了一个人，叫作塔塔统阿。他怀了一颗印，成吉思汗问他这是什么东西，做什么用？他说：主人把这颗印交给我，叫我掌管钱财出入。发出的公文，打上一颗印，表示皇帝发出的政令。成吉思汗说：好极了，你认识字，你就教我的子孙吧！于是塔塔统阿就用畏兀儿字书国言（蒙古语）。成吉思汗本人是一个文盲，一辈子不识字，但是他采用了畏兀儿文字[①]。

现在新疆使用的维吾尔文字是阿拉伯文字发展来的。维吾尔文字的发展系统是这样的：

阿兰字→窣利字→维吾尔字→蒙古字→{满洲字 / 托忒字}

托忒字是1648年准噶尔人J̌aya pandita创制的，在蒙古的准噶尔地区使用。

蒙古文的字母基本上只有十四个，是自上往下写的，每一

① 目前学术界通常使用“畏兀体蒙古文”这一术语。——编者注

个字有头、中、尾三个不同字形。

成吉思汗除了命人制造文字以外，还设立了一些官职。管民政的称为札鲁忽赤（蒙古文J̌arruči的音译），它主要是管青册。青册就是户口册。又管民政、财务和群众之间的纠纷。成吉思汗就命失吉忽秃忽担任札鲁忽赤。失吉忽秃忽是成吉思汗攻打塔塔儿时拾到的一个孩子，由成吉思汗的母亲收养，成为成吉思汗的第六个弟弟。

成吉思汗颁布札撒（J̌asa，法令），将蒙古人的习惯法定为成文法令。元朝开大会时，首先要把成吉思汗的札撒朗诵一遍。这些法令今天看来很奇怪，例如：进入帐篷时，脚不能踏门槛，头不能碰什么东西，不能从火上面跨过去，等等，似乎是属于蒙古民族的迷信。

另外，还有一种称号，叫作“答剌罕”。只有对成吉思汗及其子孙有救命之恩的人，才被授予这种称号。有了这个称号便享有各种特权，如：任何时候去见皇帝都可以不必通报，九次犯罪可以不罚，游牧地区不受限制，等等。蒙古人的游牧地区都有规定的地域，但是答剌罕可以自由放牧。为什么答剌罕享有这样的特权呢？因为他曾经救了皇帝或皇子皇孙的性命，所以赋予这些特权来报答。

以上就是成吉思汗在1206年设立的许多制度。

三、大蒙古国的建立

关于大蒙古国这个名称，过去有人称为蒙古帝国。我们认为这个名称容易和帝国主义混淆，所以还是称为大蒙古国较好；而且大蒙古国这个名称，是当时人使用的名称，我们认为还是名从主人的好。有人称为蒙古汗国，也是今日制造的。

成吉思汗统一蒙古后，他又派长子朮赤西征。西伯利亚、贝加尔湖东畔的不里牙惕、八剌忽和叶尼塞河上游的斡亦剌等部落先后归附了成吉思汗。接着成吉思汗又派人征服了巴尔喀什湖南岸的兀鲁兀部。

成吉思汗统一了北方蒙古高原以后，便开始向外进攻。当时畏兀儿居住在天山地区，北自济木萨（即别失八里）；南达吐鲁番；再往西去，就是伊犁地区哈剌鲁人。畏兀儿人和哈剌鲁人都属于突厥族，原附属于西辽。成吉思汗强大起来后，畏兀儿人把西辽在那里设立的官吏杀了，归附于成吉思汗。哈剌鲁和成吉思汗的军队还打过仗，但很快就投降了。这样一来，新疆北部地区就全部归附蒙古了。

西夏首府在今银川，其地区包括宁夏、河套、河西走廊和青海的东北角的一部分。北宋时强盛起来。到了金占领北中国后，金、宋、西夏间的战争接连不断。成吉思汗时期，西夏僧侣甚多。现在保留下来的西夏文献几乎全部是佛经。我们很想知道这个国家的政治、经济情况，但是这方面的叙述不多。成吉思汗征服林木中百姓是在1207年。畏兀儿的归附是在1209年。成吉思汗和西夏的战争一共打了四次，即：1205年、1207年、1210年和1226年—1227年。成吉思汗死的时候，西夏还没有投降。可见成吉思汗的军力并不强大，像西夏这样一个小国家，先后打了四次才把它征服。

辽末耶律大石离开了北京往西迁去，经过回纥故地，掳去一部分北方民族人民，经过新疆，到达了中亚细亚。本来打算回来，结果定居在那里了，建都虎思斡耳朵（今苏联吉尔吉斯托克马克附近），称为西辽。西辽建国先后共有八十多年，直到金朝末年还存在。它的领土东到畏兀儿、吐鲁番，西至阿姆河，当时称撒马尔罕为河中府，与花剌子模相邻。西辽末叶，乃蛮部太阳罕的儿子屈出律率领残部逃奔到了西辽。西辽王把女儿嫁给他。不久屈出律召集旧部联合花剌子模袭取了西辽王位。1218年成吉思汗派人西征，灭了西辽。

当时，中亚细亚这块地方刚为花剌子模统一。成吉思汗攻打北京时，因久攻不下，驻扎在北京近郊。花剌子模王派遣使臣来探听成吉思汗的虚实。成吉思汗接着派人随着花剌子模使臣到中亚去。1218年蒙古商队一行四百五十人走到锡尔河畔的讹答剌城。讹答剌城守将把商人杀了，财物全部没收。成吉思汗得到这个消息后大怒，派使臣去质问花剌子模。花剌子模把成吉思汗使臣的胡须剃了，遣返回来。成吉思汗当时意识到，花剌子模统一了，如果你不打它，它就会攻打你。现在花剌子模杀了蒙古商人，侮辱了使臣，正好乘机征伐它。于是决定大举西征。

花剌子模失败的原因主要是本国内部存在着严重的矛盾。当时在咸海以北有一个康里部落，花剌子模国王的母后是康里部落人。康里官吏和大将权势很重，经常欺压人民，任意抢掠财物。人民非常痛恨。成吉思汗的军队入境后，花剌子模王在全国不能组织一支统一的抗拒力量，只有个别地方抵抗了一下。大约三年的时间，花剌子模就被消灭了。

成吉思汗灭掉花剌子模以后，从里海派了两个将军去攻打钦察部。钦察部当时居住在里海以北的乌拉尔河与伏尔加河之间的平原地带，也是属于突厥族。当时俄罗斯（旧译斡罗思）

的疆域刚刚到达莫斯科以东，和钦察部相邻。蔑儿乞部被成吉思汗打败后，逃奔到钦察。我们知道，成吉思汗的母亲是从蔑儿乞部抢来的，成吉思汗的妻子也曾被蔑儿乞人抢去过。现在蔑儿乞跑到钦察人那里去了，于是成吉思汗的军队进入钦察，北边直打到不里阿耳（今喀山地区）。成吉思汗本人打到印度河边。花剌子模王札兰丁逃至印度。成吉思汗还从印度河派出一个大将过印度（现在的巴基斯坦地方）追赶他。

朝鲜是怎样打的呢？金朝末年，金国的辽东守将，女真人蒲鲜万奴独立。金朝政府派兵去征讨蒲鲜万奴。蒲鲜万奴逃至现在朝鲜的东北和我国延边朝鲜族自治州（图们江下游）一带，建立了东真国。这时，契丹人纷纷独立，有的从辽东跑到了朝鲜。成吉思汗以追击契丹人为名，进入朝鲜，会同蒲鲜万奴的军队以及朝鲜人击败契丹军。朝鲜王答应向蒙古入贡。当成吉思汗西征时，他的兄弟在克鲁伦河一带留守老家，经常派人去朝鲜索取东西，如貂皮多少张，笔、墨多少，纸多少张。朝鲜不堪骚扰，就把蒙古使臣杀了。蒙古又派军队去攻打，打了好几十年，朝鲜王就投降了。但是这已经是成吉思汗死后的事。

根据元朝的记载，蒙古人的生活内容主要是三项：第一是战争。在某种意义上来说，战争是他们最原始的生产劳动形式之一。通过战争进行抢掠，战争既用以保护财产，又用以获得财产。其次就是狩猎，这是为了练习打仗。再就是宴享。抢掠和打猎得来东西，就大吃大喝，吃喝完了又去抢掠。主要的生活内容就是这三项。在出去抢掠，进行征服之前，首先召开一次大集会，由亲王、大将和蒙古所属的各国国王参加。在聚会中商量和决定这次到哪里去打仗，派谁去。成吉思汗死后，由他的儿子窝阔台决定再次西征。

成吉思汗有四个儿子：长子朮赤、次子察合台、三子窝阔台、四子拖雷。成吉思汗死于1227年，第三子继位。根据蒙古习惯，各支长子的军队最精锐，出征时，长子的军队最强。窝阔台下命西征时，四家的长子都参加，声势异常浩大。

这次西征的时间很久，从1236年开始，直到1242年才结束。1236年—1237年首先打到波斯的阿姆河；1238年—1239年打到高加索以北，现在那个地方的阿萨蒂民族，古代称阿兰，元朝称阿速；1237年打钦察；1238年打到莫斯科；1240年打南俄罗斯；1240年—1241年打到波兰、捷克；1241年—1242年打到匈牙利、南斯拉夫。打到南斯拉夫时，窝阔台死了，照例要召开大会推选新帝。所以战争到此停止，蒙古军队没有继续前进。

灭大理是在元宪宗时候。宪宗时，金朝已经灭了，只剩下南宋。元宪宗就决定先进兵西南，攻下少数民族地区，割断长江，从而切断南宋与四川的通路。因此，在进攻南宋以前，先打大理（现在的云南大理，从唐朝开始建立的大理国）。从大理一直打到越南，然后回过来经过广西，到达湖南。这是兀良合台的一支军队。忽必烈率领的一支军队自北南下，想切断长江。可是打到湖北，受到湖北地方军的抵抗。恰恰在这时，蒙哥在四川病死，于是忽必烈就撤退了。

在唐朝初期松赞干布统一了西藏。到了唐朝末期，西藏又分裂了，一部分逃到阿里（现在的拉达克，中印边界中段的那一部分地区），东部建立了许多小的政治组织，尤其在宋朝时四分五裂。元宪宗时，派和里觧进入西藏，西藏才又统一了。元朝政府在那里设立了十三个万户府。这十三个万户府的名字，根据《元史》的记载，目前能够肯定的只有几个，如沙鲁、搽里八等。等到将来发现更多的材料后，希望能够知道得更多一些。

宪宗时，派三弟旭烈兀把里海附近的木剌夷灭掉。木剌夷是信奉伊斯兰教的，就是《马可·波罗行纪》中所说的山中老人。木剌夷被消灭后，旭烈兀又领兵往西，到达报达（今巴格达）。黑衣大食最后的哈里发被蒙古军消灭了。1258年侵入美索不达米亚。1260年侵入叙利亚。又从叙利亚打到埃及的边缘。正在这时，元宪宗死了，于是军队被撤回来。在这次战役中，蒙古军中会制造火药的工匠被俘。于是火药传到阿拉伯。后来又从阿拉伯传到了欧洲。

1263年—1264年忽必烈又派人征骨嵬。骨嵬就是现在的库页岛。黑龙江口奴儿干地方的人告诉忽必烈，如果过海攻打库页岛，必须等到冬天，海上结成冰了，派兵渡海最为容易。1263年—1264年忽必烈派兵征骨嵬，先后去过好几次。它的南边绥芬河（恤品河）地区是元朝政府采集朱砂、水银的地方。

以上就是大蒙古国征伐四邻的大致情况。

蒙古军队所到之处，看起来好像是“所向无敌”，但是，如果我们仔细看一看当时的国际形势和金、宋的国内形势，就可以知道，实际上蒙古的武力并不是无敌的。

汉、唐两朝，曾经把多种民族统一在一个国家里，形成一个多民族国家。但是，当成吉思汗兴起时，东亚、中亚和欧洲则是处在分裂衰敝的状态，各国内部也是矛盾重重。就中国本土来看，则分裂为几个国家：淮河以北是女真人建立的金国和党项人的西夏；淮河以南是南宋；云南地区则是大理国；西藏地区则是吐蕃，而吐蕃又是四分五裂；新疆地区的畏兀儿则是西辽的一个属国。这就是当时中国的局面。

从百灵庙、呼和浩特直到河套一带，有一个汪古部（突厥族，信景教，是沙陀的后裔）。金朝晚期，在北方边缘凿了一条界壕，以防止北方民族的入侵。汪古部就在这条界壕上，替金朝防守。成吉思汗领兵南下前，汪古部就背弃了金朝，投降了蒙古。蒙古非常欢迎。这样一来，把通向北中国的大门打开了。

成吉思汗打北京（金中都）时，并没有攻下这个城市，只分兵在河北大肆抢掠屠杀。金朝政府送给他许多马匹以及童男女等，他才退兵。金朝这时粮尽财绝，担心蒙古人再次袭击，于是皇帝就从北京逃到了河南开封。军队到了良乡，契丹兵就起义了。几年以后，金朝皇帝又逃到蔡州。宋、蒙古联军攻破这个城市，金朝就这样灭亡了。

南宋是一个最没有出息的王朝，过着萎靡不振、偷生苟活、“甘弱而幸安”的生活。“甘弱而幸安”正反映出南宋统治者的心理状态，力图守着西湖一团死水，每年给女真人送去大量金银绸缎，购买一年的“和平共处”。

金国内部的民族矛盾也是尖锐的。元朝把国内各族人民分为四等：蒙古人、色目人、汉人、南人。但是这不是蒙古独创的，是承用金朝旧制。金朝在兵权、财权上，用人也分为四等：女真人、渤海人、契丹人、汉人。女真势力强大时，设有猛安（千户）、谋克（百户），驻扎在淮河以北各地，在各地村落中设立寨子。这些猛安谋克户游手好闲，强夺土地。金朝政府分给他们的土地，由他们收租，不够了又向皇帝要，皇帝就夺取老百姓的土地。他们除了吃喝玩乐以外，什么事也不干。女真皇帝南逃时，他们也纷纷跟着南逃。未逃走的多受到起义农民的报复。女真皇帝跑到开封后，黄河以北的统治力量立刻瓦解，各地人民纷纷起义。起义的群众有的有组织，有的没有组织。有组织的如杨安儿的红袄军，没有组织的各地都有。他们严重地打击了汉族和女真族地主。

这时金朝的统治阶级内部也分崩离析。金朝的地主阶级有两类：一类是女真族地主，一类是汉族地主。汉族地主过去一向拥护女真王朝。当各地人民纷纷起义的时候，有的地主被杀了，有的南逃了。各地大地主纷纷武装起来，强迫他的同族和亲友占据山寨或水栅，以保护他的生命财产。在河北中部的地主，有的占据山险，有的在泊内找一个小岛，强迫农民和他们住在一起，主要是为了保存劳动力。因为农民、佃户跟起义军走了，地主没有劳动力就没有饭吃。北方的地主武装就是这样一点一点建立起来的。其中一部分占领山寨、水栅的地主，等到蒙古军一来，就投降了蒙古，成为蒙古的将领。另外还有一部分继续拥护女真政权，金朝政府就给他们官爵，如河北的九公。只要组织武装，就给予一个官职。这样一来，金朝在黄河以北抵抗蒙古军队的力量，便几乎全部依靠汉族的地主武装了。因此，在蒙古、金的战争中，汉族地主一部分投降了蒙古，一部分仍然拥护女真政权。在蒙古、女真两个统治集团的指挥下，汉族地主阶级之间也进行战争。此外，契丹地主也投降了蒙古。因为契丹王朝被女真人灭了以后，契丹地主很想恢复本民族的政权，但是一直没有机会。所以，蒙古军队还没有进入金国境内时，一部分契丹贵族就已经投奔蒙古。当蒙古军进入中原时，契丹地主就纷纷投降了，甚至包括文人，耶律楚材就是其中之一。这是不掌握政权的契丹地主的情况。在东北，契丹人在成吉思汗时代就建立了一些政权，如耶律留哥、耶厮不等。耶律留哥和耶厮不两人本来是在一起建立契丹政权的，但后来耶律留哥投降了成吉思汗，耶厮不则建立了契丹国来抵抗蒙古，由于势力孤单，不久便被消灭了。

女真统治集团内部同样发生了矛盾。当成吉思汗围攻北京的时候，北京城内的金朝大将胡沙虎，杀了卫绍王，立金宣宗为帝。后来大将高琪又把胡沙虎杀了。当时金朝内部就是这样互相残杀，当然不能抵御蒙古军。

这时女真将领蒲鲜万奴在东北建立了政权（约在今朝鲜东北、延吉绥芬河一带），国号东真。

金王朝的经济情况也非常混乱。有的地主独立，有的投降了蒙古，只有很少一部分继续拥护金王朝。国内劳动力减少了，死亡率增加了。金末河北人民死亡甚多，史称“十余一二”。这些人是不是真的都死亡了呢？不是的，其中一部分人逃亡，还有一部分成为荫庇的人口。当然，死亡的人也很多。元朝人民的起义，南方比北方多。可能因为北方人死得太多了，土地不很紧张，所以起义比南方少。

金朝末年，黄河以北的山西、河北、山东一带人民纷纷起义。金朝政府曾派军队去山东镇压红袄军，但是无法消灭。河北饥馑，达到人吃人的程度。人民纷纷逃往黄河以南、淮河以北的地区。这个地区的人民负担加重了，粮食成了大问题。金朝政府在山西拼命搜刮粮食，人民生活愈加痛苦。金朝军队及其家属从北京南逃开封的有几十万人，赋役沉重，物价高涨，甚至一万贯钱只能买一个烧饼。

在这种情况下，蒙古人打败金军是非常容易的。

在这里有这样一个问题：蒙古武力为什么几乎无敌于天下？

我谈一谈个人不成熟的看法。首先看一看当时人对成吉思汗的评价。在《元史·太祖本纪》中说：“帝深沉有大略，用兵如神，故能灭国四十，遂平西夏。”《元史》是元朝亡国后的第二年，朱元璋下令修撰的。参加修《元史》的人多是元朝的遗臣，他们对成吉思汗的看法也可说是元朝人的看法。他们认为成吉思汗是“深沉有大略，用兵如神”，反映了成吉思汗的才略和强大。成吉思汗是能够团结部下的。成吉思汗制定了札撒（法令），札撒之外还有必里克（格言）。他说：如果有人第一次违背法令，应该用言语规诫，再次违背的，应该按格言处罚，第三次才流放；流放回来，他能悔改当然好，如不能悔改就应该投入监狱；出狱以后还不能悔改，就应该召集远近亲族加以审判和处理。并且主张：执行法令时，必须使犯罪人罪状显明，使他们不致怀怨，使他们认识到罪有应得，而不是出于泄愤或意气用事。如果成吉思汗领导才干不高，怎能采用这种教导和刑罚相辅而行的办法呢？

如果我们说成吉思汗就是凭这些建立了大国，那就是英雄造时势了。事实上不完全是这样。成吉思汗死后，窝阔台攻打金国时，金朝的末代皇帝金哀宗对蒙古的武力有一个评价，记载在《金史·完颜娄室传》里。他说：“北兵所以常取全胜者，恃北方之马力，就中国之技巧耳。”这里所说的“中国”是指淮河以北的中国，“中国之技巧”也就是汉人的技巧。这时金哀宗在北方受不了蒙古军的进逼，逃到开封去了。这是他对部下所说的话。他讲的当然有一定的道理。

金哀宗对成吉思汗和蒙古强大的看法当然也是不全面的。我们应该从当时的政治形势来分析。当时的中国以及西域的许多国家和民族，没有一个不是处于衰敝的状态。就中国本土来说，南宋是一个萎靡不振的王朝，金朝已经建立一百多年了，也处于衰敝的状态。因为敌人弱了，所以相对地来说蒙古强大了。又如中亚细亚的回回（花剌子模）刚刚统一，国王（算端）信奉的宗教和巴格达的伊斯兰教不是一个系统，国王和哈里发处于对立的地位，常常挑起内部不和。花剌子模的军队掌握在咸海以北的康里人手里，花剌子模人民对于康里贵族的专横暴虐非常痛恨。在这种情况下，这些国家不能组织一支统一的抵抗蒙古军的力量，但他们各自为政，蒙古人到哪里，就在哪里打一下，先后都被打垮了。此外受蒙古攻打的都是一些小国。当时的俄罗斯都是一些小公国，也不能组织成为一个统一的力量，因此，一打就垮了。就是说，当时蒙古人所遇到的都是处于分崩离析、四分五裂的国家，有些较大的民族又是处于衰敝的状态。相形之下，蒙古军队当然是强大的了。

其次，从蒙古本身来看，这时成吉思汗统一了蒙古高原的五个集团，把原来五个集团的人力、财力、物力组织起来，民族统一了，力量强大了。在没有统一以前，他们互相抢掠，彼此仇杀，统一以后，就不能互相抢掠了，转而向外掠夺。

成吉思汗攻打金国时，北方的武装地主纷纷投降了蒙古，力量逐渐强大起来。在战争中又俘虏了许多技术工人，如金工、木工、制造盔甲的工人等，因此武器质量也提高了。

就蒙古军队本身来说，他们全靠骑兵，不骑马就无法行动。他们骑马时，不只带一匹马。按照蒙古的习惯，一个最差的战士也有二三匹马，多的一个人有七八匹马。这种带着备用的马称为副马。战士是专门打仗的，管不了这么多的副马，就出现了专门管马的人，这种管副马的人叫作阔端赤。每一个战士都有一个阔端赤，但阔端赤一定是战士最亲信的人。进攻时，一匹马累了，就换上另一匹马。尤其是打败仗向后跑的时候，需要跑在敌人前面，这就需要马匹具有持久性，因此一人只有一匹马不行，必须带上好几匹马。

汉人的先进军事技术传入蒙古，这是一些什么先进技术呢？譬如西征的时候，遇到木栅，阻挡骑兵，这种木栅最好用火烧，于是蒙古人就采用了猛火油。我们知道，在北宋以前就有了炼油的技术。北宋时已经把煤油运用于军事上，女真人也学会了，蒙古人又从女真人那里学会了使用猛火油。当他们西征时，就采用了它。还有一种东西，在当时来说是比较新颖的技术，这就是火药。当时火药武器大约有三种：一种是燃烧火器，这就是火炮；一种是爆炸性火器，这就是霹雳炮，又称震天雷；还有一种是管形火器，就是飞火枪，后来逐渐发展成为火铳。中国最早的火枪出现于1350年以前，也是世界上最早的火枪，现在还保存在军事博物馆里。再其次就是交通。蒙古人行军，遇到了大河就没有办法，过去蒙古人依靠牛皮筏子（浑脱），但是一次只能渡过一两个人，几万大军要想全部渡河就很不容易。他们把汉族的技术工人掳去后，造桥就成为汉族工人的主要任务了。还有一些技术工人会制造盔甲，技术非常高明，十分锐利的箭也射不进去。这些技巧，使它在武力方面提高了。

但是，这还不是主要的原因，最主要的是蒙古人到汉地以后，汉族地主阶级投奔了蒙古贵族。蒙古本来只有几十万人，并不算什么，但是汉族地主投降了，被封为万户、千户，兵源扩大了。这些投降的武装地主，除了汉人还有契丹人。他们长期居住在北中国，对全国的内部情况最为熟悉，为蒙古攻金创造了有利的条件，因为他们的最大敌人是女真人，所以愿为蒙古拼死卖命，蒙古攻金的军队只有二三万人，处于指导作战的地位。从人的因素来看，技术人员也增加了。所谓技术人员主要是指汉族的知识分子。蒙古军每到一地，就寻找医、卜、星相、儒、释之类的人。星相占卜，今天看起来非常可笑，但是我们不能用今天的眼光去看蒙古。蒙古初期非常迷信，今天能不能够打仗，先要占卜一下。把羊胛骨钻几个小孔，然后放在火上一烧，于是出现了裂纹，用它来定凶吉。它起着麻醉士兵的作用，同时也用以鼓舞士气。医生在当时是很重要的，打了仗，没有药物治疗，就要造成更大的伤亡；有了中国北方的医生，伤亡就可以减少一些，但是蒙古没有这样的人才。成吉思汗用了一大批这样的人，这和他在漠北时大不相同了。在军用物资的运输、储存方面，则用回回商人。回回商人，长于运输、储藏，善于搜括。蒙古人到汉族地区来以后，人数少，必须依靠政权来扩大自己的利益，所以就使用这些人来经营商业和管理财政。蒙古的各方面力量都配备齐全了，势力强大了，所以在西方连续取得了胜利。

那么蒙古的兵力是不是真正强大呢？

蒙古兵力也只是相对的强大。打西夏先后四次（1205年—1227年），历二十二年之久，成吉思汗死时，还没有使西夏完全屈服。像西夏这么一个小国，还打了这么久，可见不算强大。那么打女真呢？从1211年起，战争一直没有停止，直到1234年才灭金，前后历时二十三年。至于南宋，用的时间就更多了。南宋还是一个最萎靡不振的国家，从1234年起，直到1279年为止，前后打了四十五年。这是当时文化最高、历史悠久、潜在力量较强的国家。至于西方，一个城市、一个寨子、一个地域就是一个国家，当然容易被打垮了。所以说“灭国四十”是不足为奇的。汉族地区先进技术输入，技术工人被迫为它服务，加强了蒙古军队的兵员、干部、技术力量，提高了他们的战斗力。当时一个蒙古大将阿朮说：“所领者蒙古军遇山水砦栅，非汉军不可。”这句话正说明了这一点。

四、大蒙古国的概况

成吉思汗在世时，就把他所占领的土地分给儿子、兄弟、外戚。以蒙古为中心，东边分给兄弟，历史上称为东道诸王；西边分给儿子，历史上称为西道诸王。成吉思汗有四个兄弟：哈撒儿、哈赤温、斡赤斤、别里古台。前三人是他的亲兄弟，最后一个是异母弟。哈撒儿分封在额尔古纳河、阔连海子、海拉尔河一带；哈赤温分封在兀鲁回河（现在锡林郭勒盟东部乌拉盖河）；斡赤斤分封在蒙古最东北部，再往东，界外就没有蒙古人了；别里古台分封在斡难河、克鲁伦河一带。

成吉思汗的四个儿子是朮赤、察合台、窝阔台、拖雷。他们的封地是：长子朮赤在海押立至不里阿耳，就是巴尔喀什湖以东的海押立往西到苏联伏尔加河上游的喀山，据《世界征服者史》的作者志费尼说，成吉思汗曾经把蒙古马蹄所到的西方封给他的长子，所以朮赤的封地最远。次子察合台封地在维吾尔之地至不花剌及撒马尔罕之间，包括河中和吐鲁番，驻地在阿力麻里（现在的伊犁）。三子窝阔台封地在叶密立、霍博（新疆克拉玛依市以北、塔城以东的额敏县至和布克赛尔蒙古自治县）一带。四子拖雷封地在蒙古，根据蒙古的习惯，幼子守产，称为斡赤斤，意即火王，守住烟火。

大蒙古国的都城设在和林，就是今天的额尔德尼昭。“额尔德尼”是宝贝的意思，“昭”是庙的意思。最近在和林遗址发掘出来的街市、宫殿，根据考察的结果，断定是窝阔台时代建立的和林城，宫殿遗址的琉璃瓦脊和北京城宫殿的琉璃瓦脊一样。同时发现碗底上写有张、王、李、赵等字，估计可能是工人吃饭用的碗，因为怕拿错了，所以在碗底上写上字。和林这个都城所统治的地方是西至伏尔加河，东到朝鲜，南到长江，和林就是这样一个大蒙古国的都城。

就土地来说，当时分为两种；一种是份地，为成吉思汗的兄弟、子孙们所有；另一种是公共土地，大体是刚占领的土地，像阿姆河以西，一直到伊拉克这一带地方，作为公共财产。公共财产，每个儿子都有份，所以每个儿子都派人到这里来收税。金朝灭亡后，汉族地区的一些州、县、府也分给其兄弟、子孙了。总的说来，汉族地区绝大部分土地是国有土地，是公共财产，私人有的只是一些份地。封地称为兀鲁思，是世袭领地。

定宗死，宪宗未立，国家没有皇帝而只有摄政的时候，漠北诸王都派人到北京来索取财货、弓矢、鞍辔之类，并且派人到西域去索取珍珠、宝石之类的东西。这也说明了当时的土地分为两种：一种是个人的封地，另一种是公共土地，各家都有权力到公共地区来要东西。

在这个统一的大蒙古国中，窝阔台做了两件事。一件是设站赤，一件是穿井。站赤，就是驿站。凡是带着皇帝符牌的人，都可以到站食住，喂饱马匹。当时有水站、陆站。窝阔台把过去的驿站引申到俄罗斯、波斯去，这样就沟通了东西驿道，交通很方便。为什么穿井？因为蒙古有很多地方没有水，牧区无水就无法供给牛羊的饮料，所以需要穿井。

从成吉思汗到窝阔台，都要顾及整个大蒙古国的统治。到忽必烈以后，情况就不同了，皇帝只重视汉族地区，西方诸王都不听他的指挥了。在成吉思汗时代，蒙古人称汉族地区为契丹，称长江以南的南宋为南家，又称“蛮子”。汉族地区是屡经战争的地方，成吉思汗时，蒙古势力仅到汉族地区边缘，注意力放在西方；到了窝阔台时，金朝灭亡了，才注意经营汉族地区。南宋灭亡以后，蒙古皇帝忽必烈可以说就已成为中国各族的皇帝了，和中国其他朝代的开国皇帝一样。在大蒙古国时代，汉族地区只是它的一部分，忽必烈时代，西北各兀鲁思都独立了。两人所处时代不同，因而注意力也不一样。

成吉思汗死后，他的十二万九千人的军队被他的几个儿子、兄弟分了，而且分得非常不平均。幼子拖雷在成吉思汗打仗时，总是跟着他，成吉思汗临死时就分给拖雷十万一千人，其他兄弟、儿子总共才分了二万八千人。拖雷部下有十万多蒙古兵，老将都掌握在拖雷手里，所以不久政权就从窝阔台系转移至拖雷系。这在蒙古的历史上来说，也是非常重要的一件事。以后，最肥沃的汉族地区就落在拖雷这一支的手里，一直保持到元朝灭亡。

大蒙古国的版图这样大，民族非常复杂。拖雷这一支所占领的地方原来都是蒙古人，而成吉思汗其他几个儿子所占领的地方，如俄罗斯的钦察汗国，绝大部分是突厥人。窝阔台后王所占领的地方也是突厥人，察合台汗国大部分是突厥人，再往西就是波斯、阿拉伯人。这几个国家就语言来说，朮赤、察合台、窝阔台三个汗国都是使用突厥语。就生活方式来说，朮赤领地的人民是游牧生活，中亚细亚的察合台是半游牧、半农耕的生活，而波斯、伊拉克等地，城市却很多。就宗教来说，中亚细亚、窝阔台汗国、察合台汗国、伊拉克、叙利亚等地信奉回教。少数蒙古人统治广大辽阔的土地，为了进行剥削，就必须通过当地的统治阶级，实行旧有的制度。如果不接受当地的经济制度和文化，把原来的蒙古的社会经济制度强迫施行于这些国家，也无法行得通，特别是到了具有高度封建经济文化的汉族地区，更是无法贯彻。所以术赤、察合台这几个国家，都一个个地方化了。占据汉族地区的统治者，也必须采取汉法。在西北和中亚细亚的少数蒙古人，如果继续使用蒙古语就无法活动，所以他们也很快地放弃了蒙古语，采用了突厥语。在宗教方面，他们原来信奉珊蛮教，而突厥人信奉回教，因而他们也改信回教了。在生活方面，他们也放弃了游牧生活，开始过城市生活了。

大蒙古国的版图这样大，西方诸王都逐渐地方化了，在汉地的也逐渐地方化了。《耶律楚材传》里提到一件事：当时蒙古有一个贵族叫作别迭，他说："汉人无补于国，可悉空其人以为牧地。"就是说，汉人对于国家没有用处，不如把这些地方空着，让它长出牧草来放牛羊。马克思说："依据历史的永恒规律，野蛮的征服者自己总是被那些受他们征服的民族的较高文明所征服。"[①] 恩格斯在《反杜林论》里也谈到过：文明较低的人民是战胜者的时候，他们往往为被征服的人民较高的文明所同化。这就是说，一个落后的民族，到生产发展较高的

① 见《不列颠在印度统治的未来结果》。

民族的地区，就必须要采用这个地区的统治方式、剥削制度，尤其是不通过当地的统治阶级就无法进行剥削。蒙古贵族到汉族地区以后就是如此。别迭的话既反映了他们想使华北改变成为蒙古地区那样的愿望，也反映了蒙古贵族到汉地以后束手无策的情绪。实际上，不通过汉族地主阶级，他们也无法进行统治。别迭的办法是开倒车的。所以耶律楚材说：现在需要南征，军需供给要有来源，如果征取中原的地税、商税以及盐、酒、铁冶、山泽的利润，每年可得银五十万两、帛八万匹、粟四十多万石，完全可以供应军需，又怎能说“无补”呢？于是窝阔台就要他试一试，结果确实有效。窝阔台因此非常重用耶律楚材。

这里我们还要讲一讲蒙古统治者的掠夺方式。蒙古军每到一处，就直接进行抢掠，但是抢掠也有规定，不能乱抢。谁先抢，谁后抢，要看“功绩”的大小。如果在这次战争中，你出的力最多、立的功最大，那么抢劫民宅时，你可以先进去。进去时，在门上插上一支箭，表示你有优先权，别人再来时，看见门上有箭就不能进去了。他们抢到的东西还要分配。成吉思汗是最高将领，无论谁抢的东西都要分给他一份。花剌子模的都城玉龙杰赤（现在的阿姆河下游，咸海地方附近），是成吉思汗三个儿子打下的，他们把俘虏的人口、财物都均分了，没有给成吉思汗，成吉思汗非常生气，三天不许儿子见他的面。后来蒙古人用“撒花”的办法敛钱。“撒花”是波斯文（因为当时的国际用语是波斯语），足见这个办法不是蒙古原有的，也不是汉地的，而是中亚细亚的办法。波斯语的“撒花”就是礼品的意思，中国人当时翻译为“人事”，有些地方现在还把送礼叫作“送人事”。当时有一句诗写道：“北师要讨撒花银，官府行移逼市民。”老百姓负担很重，这个来了要送点人事，那个来了也要送点人事。对公共地区，谁都有理由来要撒花银，因而使得社会秩序非常混乱，对最高统治者也是不利的，于是只好采用中国原有的、几千年来行之有效的俸禄。

蒙古没有进入中原时，人民也是被瓜分的对象。每一个部落都有一定的牧地。成吉思汗统一蒙古以后，把老百姓分给他的兄弟、儿子。成吉思汗的母亲和他最小的兄弟分得一万百姓，大儿子朮赤分得九千百姓，察合台八千百姓，越往下分得越少，但都是几千人。有了人，有了羊、牧场，才可以剥削。没有人，光有牧场也不行。到了中原以后，突然获得了大批土地和人民，人太多了，没有办法分，只好按照中国过去的老办法分地。把这块地方（例如正定、石家庄）分给你，把那块地方（例如邢台）分给他。分了地以后，领主直接收税不便，耶律楚材提出五户丝的制度，就是每家交银二十二两四钱。两家交四十四两八钱，其中二斤交给中央政府，十二两八钱归领主。也就是每户给领主六两四钱，五家合起来共三十二两，适为二斤。但是分封在这些地方的领主绝不只拿这么一点，他们还随时派人额外加派，虽说五户丝是一种制度，但是领主们并不完全按制度办事。除了五户丝以外，还有岁赐，就是每年要给诸王多少银子或绸帛等这类东西。

除此以外，蒙古贵族还有一种剥削方式：蒙古人不善于做生意，把钱交给回回（西域）商人做生意。但是怕赔本，就放高利贷。当时称为斡脱。政府设有斡脱所，斡脱是突厥语“同行”的意思。为了避免严重的剥削，很多西域人希望加入斡脱。这些西域商人来到中原后，就变成了吸血鬼。有些人还干讹诈钱财的勾当。例如回回商人把一些东西丢在路上，自己藏在路旁，如果有人把东西从地上捡起来，他们就跑出来说：这里面有些什么什么东西，要求赔偿，进行讹诈。再就是借钱，借五十两银子，明年要还一百两，后年要还二百两，这种高利贷叫作斡脱钱。这些就是回回商人帮助蒙古贵族对广大人民进行剥削的方法。

蒙古贵族到中原以后，统治方法逐渐起了变化。这种改变也有一个过程。最初，一个可汗取得政权要经过大聚会（即忽里勒台），由亲王、公爵、驸马、诸王、大将参加，在会上推选一个可汗，譬如窝阔台就是通过这种形式推选出来的。窝阔台死后，又推选他的儿子为大汗。但是，蒙古的绝大部分军队都掌握在拖雷手里，而不是在窝阔台手里。所以到了忽必烈时，忽里勒台只是徒具形式了。蒙古从忽必烈到顺帝有好几位皇帝都是拥立的。拥立皇帝的多半是镇守和林的大将。这种拥立的办法说明蒙古贵族争夺权力的斗争愈来愈激烈。蒙古贵族都有自己的亲信人物，称为官人，最早称为伴当。譬如成吉思汗年轻时候，有一些和他年龄差不多的富裕牧民子弟充当他的伴当，当成吉思汗的马被偷时，这些伴当就冒着危险帮他把马找回来，打仗时追随左右充当亲信战士（有人翻译为亲兵，我看还是称为伴当合适）。这些人都是牧民出身，后来，都成为世袭贵族。成吉思汗以后的元朝政权主要掌握在几十家蒙古贵族手里，他们都是成吉思汗时代的伴当的后裔。蒙古初入中原，将帅和地方官都是世袭的。这对最高统治者来说，是不利的，因此，进入中原不久，就采取了中原的老办法——迁转。就是：做了三年官，有功就提升一级，做得不好的就降级。

进入中原以后，蒙古统治者对待被征服的人民也逐渐有了变化。当蒙古人过着游牧生活时，一两个人骑在马上看守一群羊就够了，用不着很多人来放牧牛羊。所以对待被征服的人民非常残酷。譬如打败塔塔儿部以后，就下令，凡是跟车轴一般高的男子都杀掉，收养妇女和小孩作为奴仆，这个民族几乎被消灭了。初到内地时也是这样，打下一个城市后，男子一般都杀了，妇女留作仆人，小孩长大了也可以作仆人。但是男子中有一技之长的，如木匠、铁匠，就留下。读书人不要，通通杀光。因此，有一些读书人就冒充工匠，被保全下来。可见，蒙古最初对外族人不是俘虏就是屠杀。成吉思汗的时候，想改变漠北的生产，就迁十几万人到漠北去，但途中死了很多，没有成效。进入中原后，蒙古统治者准备把大批汉人迁到北方去，但是内地人民不愿意迁居，因此，蒙古统治者就在中原设立了探马赤军镇压人民。

此外，蒙古统治者还利用宗教来麻醉人民。允许人民保持原来的宗教信仰，通过教士来麻醉人民，以便于进行统治。当时，在蒙古统治下有多种宗教：也里可温（基督教的一种）、回教、朮忽（即犹太人，波斯语）、佛教、喇嘛。几乎包括了各种宗教。元宪宗蒙哥曾说过：宗教就像一只手的五个指头，每个指头都有它的用处。这就是说：任何一种宗教都可以帮助他进行统治。这是承袭汉人的统治方法。蒙古统治者还通过汉族地主帮助他们进行统治和剥削。这样一来，蒙古王朝进入中原地区以后，就变成汉制的封建王朝，与原来在漠北和林时的王朝不同了。

有些同志说，耶律楚材对于蒙古实行汉化有功。关于耶律楚材，他在大蒙古国时代的活动可以分为两个阶段：一个阶段是成吉思汗时代；另一个阶段是窝阔台时代。成吉思汗没有深入中原地区，没有采用汉法，因而不需要耶律楚材的封建统治知识。耶律楚材曾经写过一首诗说："自天明下诏，知我素通蓍。"就是说，他是作为技术人员——卜者而被成吉思汗召去的。因为成吉思汗和他的士兵都很迷信，每次打仗之前都要卜卦，以询凶吉。但是卜者的地位是不高的。耶律楚材是世家出身，父亲通历法，他自己也写过许多有关历、卜、星相的著作。成吉思汗西征回来时，带他回来，他潦倒十年，如同过着俘虏生活，所以他在成吉思汗时代是不得意的。

当窝阔台占领北中国时，如何进行统治的问题提上日程了。耶律楚材对窝阔台说，他每岁可以在汉地搜刮银五十万两、帛八万匹、粟四十余万石。耶律楚材得到窝阔台的许可，建立了十路征收课税所。这十路是：燕京、太原、大同、山西平阳、正定、山东东平、热河、大定、滦州、济南。就是说，从山东中部的济南，到河北中部的正定，再到山西北部的平阳府，这一块地方，一年要纳银子五十万两、帛八万匹、粟四十余万石。各路的征收课税使都是懂得封建制度、封建剥削和封建统治的官僚地主，都是耶律楚材推荐的。因为他的试验有成绩，窝阔台非常信任他。据《元史·耶律楚材传》说：在窝阔台三年，耶律楚材当上了中书令。当时大蒙古国在中国的势力仅仅限于黄河以北的中原这么一块地方。在这种情况下，耶律楚材做大蒙古国的中书令是不可能的。事实上蒙古人只称他为也客（大）必阇赤（书写人，书记）。在大蒙古国当中书令（国务总理）的只有一个人，这就是失吉忽秃忽。成吉思汗把他当作第六个弟弟看待。他是断事官，称为也客（大）札鲁忽赤（断事官），中原的户口由他掌握，民间的案件由他断定。窝阔台是成吉思汗的儿子，所以失吉忽秃忽是窝阔台的长辈，也是宰相，地位是很高的。耶律楚材当时的地位只能和镇海一样。镇海是畏兀儿人。当时在大蒙古国境内，中亚细亚用波斯文，蒙古用蒙古文，汉地用汉文。那么掌管汉文的人是谁呢？就是耶律楚材。他是在皇帝左右专管汉文的头目，所以称为大书写人。

耶律楚材之所以能够担任这样的官职，是因为他提出了如何使用汉法来剥削人民。当时蒙古统治者正需要有人帮助他们剥削汉人，耶律楚材就适应了这种需要。当时回回商人掌管财政，妨碍了汉族官僚地主的利益，所以，汉族商人地主跟回回商人之间存在着矛盾。耶律楚材和回回商人也有矛盾，例如专管财政的奥都剌合蛮主张扑买中原赋税，为耶律楚材所反对。

这对人民是有益的，这一点我们不能忽视。但是，对耶律楚材也不能评价过高，因为当时蒙古刚刚开始汉化，所占领的汉地还有限，还不是全面推行汉化的时代。

五、元朝的建立

从蒙哥即位时起，蒙古王朝的政权已经转移到拖雷系的手里，而建立元朝的则是忽必烈。忽必烈确实是元朝一个很重要的人物。在窝阔台的儿子元定宗贵由时代，忽必烈还住在漠北，尚未掌握大权，他自己的份地在邢台。他虽然还只是一个宗王，可是已经注意到汉地封建制度的重要性了，于是派人到内地寻访儒者，特别是到他的份地——邢台来找儒者。过去，儒者是很不受重视的，被俘以后往往被迫充当奴隶。这时，忽必烈找了一批儒者去漠北讲授封建统治的办法，当时称为"访问治道"。当时去漠北的有张德辉、徐世隆等（张德辉写过一篇《岭北纪行》），忽必烈十分重视他们的意见。忽必烈很早就意识到在汉地只有用汉法才能统治汉人、剥削汉人。蒙哥即位后，把漠南整个汉地交给忽必烈管理，因为他对汉地的情况最清楚。1252年忽必烈受命征大理。1254年班师北归，住在内蒙古多伦西北。他在草原地区和农业地区的边缘地方建筑了一个城市——开平府，来监督汉地的人民。这个地方是统治中原地区的中心，而和林则是当时大蒙古国的首都。蒙哥死后，忽必烈夺取了政权，从开平迁到北京。这就是说，政权中心不再在漠北的和林，也不在农业和畜牧业地区交界的开平，而是在辽、金朝统治北中国时的北京，当时称为大都。忽必烈兄弟四人，蒙哥死后，帝位应该由谁继承呢？他的三弟旭烈兀当时被派到波斯，一直打到埃及边境，领地从阿富汗直到地中海，地域辽阔，因此不需要再回中原争夺皇位了。争夺中原地区的是他的四弟阿里不哥。按照蒙古的传统惯例，最小的儿子要守祖业，住在和林。因此阿里不哥便自立于漠北。忽必烈依靠汉族武装地主的子弟和地主阶级知识分子来打阿里不哥。从经济力量来看，阿里不哥就不可能取得胜利。忽必烈利用了汉地的人力、物力，从内地运去了许多衣服鞋帽供应士兵，很快就把阿里不哥的势力消灭了。政权统一后，和林对汉地来说太靠北了，于是忽必烈干脆把它放弃，把政治中心搬到了北京。

此后，才是忽必烈真正实行汉化的时代。当时的许多儒生如许衡、郝经等人，上书说北方民族到中原来，如果不采用汉族的封建统治方法，要想使这个政权维持下去是不可能的。必须像北魏孝文帝拓跋宏那样统治汉人。忽必烈接受了汉族“儒者”的意见，在中原建立了一套统治制度。当时帮助忽必烈建立制度的读书人，都是金朝的官僚地主，“亡国大夫”，因此，元朝的制度大都是采用金制，稍加变通。在官制方面，中央行政设中书省，军政设枢密院，监察设御史台。地方行政，金朝原设十四总管府、五京（东、西、南、北、中）共十九路。元朝的二级行政区也是路。不过金朝的路要大一些，元朝的小一些。中央设中书省，到哪里去打仗，就在哪里设行中书省；战争结束了，行中书省也就取消了。后来逐渐成为常设机构，先后共设立了十一个行省。蒙古原来没有国号，1271年才开始有国号，称为大元；以前始终称大蒙古国。

在元朝，军权掌握在蒙古人手里，军队数目绝对不让汉人知道。有人说：蒙古人在汉地实行社疃制度，每个社疃驻有一家蒙古人以管理汉人。其实，这是不可能的，因为蒙古人太少，汉人那样多，如果这样设立，根本就找不到那么多蒙古贵族。查看一下《至正金陵新志》《至顺镇江志》等书的户口，就可知道。枢密院里掌握军权的官吏绝对不能由汉人担任。西方人如阿速人、俄罗斯人、钦察人到中原来，则由他们本民族的人领导。在地方政权上，每县设立一个达鲁花赤，即掌印官，由蒙古人担任。达鲁花赤什么事情都管，汉人实际上不掌握政权，蒙古人不够委派了，就用色目人。蒙古军队总共有十多万人。到内地来的蒙古人数量无法查考。根据明末努尔哈赤给林丹汗的信，传说元朝蒙古人到中原来的约有四十万人。这正和大英帝国一样，本国只有四千万人，即使全部派遣到殖民地去做官还不够，因此必须依靠殖民地的上层统治阶级。蒙古人也是如此，如果政权都由自己掌握，人力便不够，因此必须用汉人、色目人，但是军权不能轻易交出。一般官职用汉人，财政则由西域商人掌握。

忽必烈每年冬季住在北京，4月至9月住在开平。北京是统治汉族农业地区的都城，开平是统治北方少数民族游牧地区的都城。这时候，西北几个藩王都已先后地方化了，都不听从忽必烈的命令，于是出现了东道诸王、西道诸王反对忽必烈的战争。东道诸王是成吉思汗几个兄弟的后裔，西道诸王是成吉思汗几个儿子的后裔。他们认为：忽必烈不应该废弃蒙古祖先传统的统治方法，而去采用汉族的统治方法，因为汉族是被征服民族。他们以此作为借口，实际上是阿里不哥等人要和忽必烈争夺统治中原的王位。中原地方人口众多，物产丰富，谁取得这个地方，谁的政权就可以得到巩固。忽必烈攻打武汉时，阿里不哥就派人到中原搜刮。从这里可以看出，阿里不哥名义上是反对忽必烈采用汉法，实际上是想争夺中原地方。

忽必烈时代的历史，从他做皇帝以后，大体上可分为两个阶段：第一个阶段是从1260年掌握政权到1279年灭南宋；第二个阶段是从1279年南宋灭亡直到忽必烈去世。

忽必烈时代和大蒙古国时代大不相同。以前的领土，西到东欧，东到太平洋。忽必烈即位后，西北的几个藩王不听从他的指挥，都先后独立，中原对那里的统治松懈了。忽必烈变成了汉地的皇帝，成为中国的皇帝。在打败阿里不哥以后，政权得到巩固，忽必烈便对西方采取守势，主要的目标是灭南宋。

六、南宋的灭亡

南宋是中国历史上最衰朽的一个王朝。南宋统治者的上层分子腐朽不堪，皇帝终日沉醉在深宫里，大臣们整天游山玩水。南宋每年给金朝送去几十万两银、几十万匹绸缎，购买一年苟安偷生的腐化生活。宋金的“和平共处”可以说是拿钱买来的。当时南宋统治阶级集团是“甘弱而幸存”。

十三世纪初叶，成吉思汗在北方统一了蒙古，金朝背后兴起了一个强大的敌人。南宋真德秀看出了这种形势，曾说：我们这时跟金打仗非常有利，金两面作战，北方有蒙古，南方有我们。结果金朝果然是在蒙古与南宋的夹攻下灭亡的。1234年，南宋和蒙古联合出兵灭掉了金朝，南宋收复了三京（南京归德、东京开封、西京洛阳）。蒙古军决黄河水灌宋军。宋军大败。南宋与蒙古之间的军事冲突展开了。南宋与蒙古先后打了四十多年，南宋的财政开支成了问题。宰相贾似道提出了公田法、打算法。公田法规定占有两顷以上的土地，由政府“回买”三分之一，两顷以下的免买。两顷以下的都是中小地主，公田法只触动大地主的利益，这就是所谓的“抑强嫉富”。打算法就是政府和将领算账，勒令将领交出一部分赃物入国库。这就触动了军官的利益。由于大地主、军官的反对，南宋统治集团内部的矛盾加深了。贾似道当然不好，但是也不能绝对相信南宋官吏们对贾似道的攻击。当时的南宋统治者只要苟且偷安就心满意足了，任何人打来，都输纳银帛，屈辱妥协了事。

1270年前后，蒙古已经建国六七十年了。它的版图西到地中海，东到朝鲜。从这些投降的或被征服的西方的民族中，蒙古征来了大量的兵员。譬如一大批高加索山北的阿速人被迁到中原来，称为阿速军。从康里以北的钦察、咸海以北的康里和哈剌鲁（在今伊犁一带），蒙古征来了许多士兵，士兵中还有畏兀儿人、党项人。忽必烈时代用来打南宋的军队，除了汉人、契丹人、女真人以外，几乎包括了中亚细亚一带各族的人。打襄阳时，除了蒙古和各族的军队以外，还有新式武器。如回回炮（抛石机），就是从伊拉克传来的，能够抛出几百斤重的石头，攻打城堡非常有效，打樊城就是利用这种炮。当时，蒙古几乎把全世界最精锐的武器都集中到襄阳来，先后打了五六年，最后还是因为襄阳的南宋守将投降，才打下来。当时南宋的襄阳守将是吕文焕，吕文焕是吕文德的弟弟。吕文德是南宋末年军阀中的代表人物，当时长江流域遍布着他的兄弟、儿子、门婿、亲戚、部下和士兵。元军进攻时，他儿子在九江投降了，接着他的门婿范文虎在安庆投降了，他的爱将夏贵也在合肥投降了。南宋主要凭借长江来防守，这些大将投降，加速了南宋的灭亡。杭州以南的海口泉州，当时是世界上的通商口岸之一，和现在上海的地位一样。由于阿拉伯商人蒲寿庚掌握了泉州的所有海船，当元军打到泉州时，他也投降了，并且率领船只追赶宋军，使南宋王朝逃奔到天涯海角，走投无路。这些投降的军阀、商人只代表当时最富有的统治集团的态度。

那么各地人民又是怎样的呢?

当然，在南宋的将领中，也有英勇不屈、抗战到底的人物，如扬州守将李庭芝、常州知州姚訔等。但是各地人民反侵略、反压迫的斗争，可歌可泣的事迹更多。当时反侵略斗争的代表人物是文天祥。

南宋的灭亡，影响是很大的，特别是对东南亚。南宋对东南亚起着一种屏障的作用，有南宋存在，蒙古就不敢派遣大批军队到东南亚去；南宋完了，这个屏障就没有了，忽必烈派人打爪哇、占城（越南南部）、缅甸、越南就更方便了。为了到海外去打仗，需要在内地造船，造船要用江西出产的木材。但当地人民纷纷发动武装起义，这就牵制了忽必烈，使他不能顺利地打东南亚，同时也削弱了忽必烈的力量。

南宋于1279年灭亡。张世杰牺牲后，他的十几万久经战斗的军队被元朝整编成为新附军。这十几万训练有素的军队，被迫投降了忽必烈，忽必烈当然接受。但是忽必烈对他们存有戒心，怕他们回到各地去组织反抗。因此，在南宋灭亡的第三年（1281年），就派范文虎率这支新附军去打日本。范文虎是吕文德的门婿，南宋的降将，他积极主张打日本。因为他看到张柔的儿子张弘范由于战功，在蒙古政府中很有地位，所以，他也想打一次胜仗，以便在蒙古可汗的庇护下青云直上。范文虎率领的这一支新附军从宁波出海，另一支从朝鲜釜山过海打日本。我们知道，那次战争失败了，几乎全军覆没。我想，忽必烈是不痛心的，他就是因为没有办法处置这十几万大军才派他们远征的。这一支有战斗力的军队留在大陆上是一个威胁，如果打日本胜利了，他可以划出块地盘给他们；如果战败就被消灭了，那么也就没有心腹之患了。我看，忽必烈所采取的是一种借刀杀人的办法。他就是通过打日本而把新附军消灭的。

七、元朝的经济情况

在大蒙古国时期，北方残破不堪，其中特别严重的是淮河与长江流域之间。西起襄阳，东到东海，这一片广大地区本来是金和南宋进行拉锯战的地方，后来金朝亡了，又成为蒙古和南宋进行拉锯战的地方。在这里，人民逃亡，土地荒芜。元朝的社会经济究竟是不是有发展呢？我们首先要看一看过去破坏得最严重的地方，农业生产是不是恢复了。

根据元朝保留下来的材料看，生产是恢复了。元人杨翮写的一个碑文中说道：淮河以南，是南宋与蒙古进行拉锯战的地方。统一以后，生产已经恢复，土地被开垦，商业发展，人口一天天多起来。另外陆文圭说在两淮地方，过去有狐兔出没；现在是村村相望，鸡犬之声相闻。原来长江南北数百里，东西几千里的荒芜地方，现在生产都恢复了。

判断这些地方的经济是否有了发展，人口是否增加也是一个标准。如松江，在南宋时是一个县，有九万户；元朝初年，增加到近十七万户。根据元朝的制度，二十万户是上路（这是当时的一种地方行政单位，好像现在的一个专区），十五万户是下路。松江是近十七万户，这是一个很大的路，因此就把松江改为三个府。又如山东南部的沂水县，是从前宋金作战的地方，一直是烽火不熄。到忽必烈时代，人口一天天多起来。当时这种情况很多。譬如山西，在元朝末年的时候，余阙曾说：山西这个地方很好，一年种三次就可以收三次（可能是连蔬菜在内）。如果多加一点粪，再引水灌溉，没有旱情，收成好的地，一亩可以养一个人。所谓“亩养一人”，单位面积产量是相当高的。在山西的农村中，没有闲人闲地，屋前屋后种植桑树，院内空隙之地种植麻类和蔬菜，寸土无荒。可见当时的农业是发展了。所以，我认为，过去由于战争而荒凉的地方，经过恢复和发展，人烟稠密，生产有了发展，没有荒地了，尤其是耕地面积扩大了，这在元朝是很突出的。

根据《元史》的记载，可以看出当时每年都有新开垦出来的土地。忽必烈至元二十五年（1288年），根据管农业的大司农统计，开垦了三千五百七十顷土地。至元二十八年（1291年），开垦了一千九百八十三顷，种植桑树、枣树等共二千二百五十二万七千七百余株。过去人烟稀少的边境地区，现在用屯田（军屯、民屯）的办法开垦出来的土地，据统计，至元二十一年（1284年）宁夏军屯有一千四百九十八顷；云南所辖军屯、民屯有十二处，包括了各少数民族地区；海北海南道所属的琼州路垦田二百九十二顷，雷州路垦田一百六十五顷。漠北屯田地区也不少，在叶尼塞河上游，忽必烈派刘好礼到那里去开发，同时从内地迁去了长于耕稼的人，教当地人种田，因为那个地方很适于农业。忽必烈为了防止西北藩王夺取政权，就在那里屯田，并且把那里一些人迁到东北松花江附近的肇州，派山西人刘哈剌拔都鲁率领他们在那里开垦（在元朝，有很多汉人采用蒙古人的名字，刘哈剌拔都鲁就是一例。哈剌是黑的意思，拔都鲁是勇士的意思）。在西南边疆方面，云南在汉朝时就和内地有联系，唐朝也是如此，但云南的经济发展却是从元朝开始的。元朝派赛典赤到云南担任行中书省平章政事，赛典赤看到滇池的水灾严重，影响人民的生产和生活，于是和张立道一起兴修水利。现在云南的盘龙江、金汁河都是他们疏浚的，主要是张立道带人兴修的，赛典赤是主管而已。赛典赤是中亚细亚人，信仰回教，忽必烈很重用他。赛典赤在云南实行屯田垦荒，对开发边疆起了一定的作用。此外，英宗时，在青海立屯田万户府，所管辖的有四千六百四十八户，开垦土地六千四百余顷。在和林也有大量屯田。（前几年我们帮助蒙古人民共和国在和林附近兴修了许多水渠，建立了许多农场。实际上，元朝就已经有大批汉人开始在那里屯田了。）元朝在适宜于屯田的地方，如四川边境、甘肃边境、陕西边境，也都有大量屯田。云南、贵州是少数民族地区，在那里屯田一方面是为了防止少数民族的反抗，以便就地取粮进行镇压；另一方面也开垦了许多荒地，扩大了耕地面积。

除扩大了耕地面积以外，牧地面积也扩大了。因为蒙古人主要靠骑兵作战，每个大城市都有养马的地方，同时还有专门养马的牧地。忽必烈时还专门设立了太仆院掌管马政。牧地东到耽罗（今济州岛），西到甘肃，北到火里秃麻（今贝加尔湖东），南到云南等地。当时全国的重要牧区是非常广阔的。

忽必烈对于农业很重视，他即位以后，颁布了《农桑辑要》；设立了大司农专管恢复、发展农业和清理土地等事；又设立劝农官到各处劝农。虽然到各处去对人民也有骚扰，但是可以看出，当时的元朝政府对于农业是相当重视的。

在国内交通方面，元朝也有创举。首先是两宋以来被阻梗的海运通了。可以从长江口经过东海、黄海，直到天津运送漕粮至京师。在灭南宋时，元军就掳掠了南宋政府大批财物，从海路运至京师。当时有朱清、张瑄两个海盗，很熟悉海道情况，降元后，建议实行海运，每年运送江淮粮米三百多万石供应元京。海运的出发点是浏河（刘家港）。后来郑和下西洋也是从这个地方出发的。除了海运以外，南北大运河也畅通了。汉、唐建都长安，虽说长安附近“八百里秦川”很富饶，但是也养活不了那么多的都市人口。从东南运粮北上再西行，船只要经过黄河三门峡，水势湍急，常常破坏船只，损失很大。元朝建都北京，运输线由东西向改为由南向北了，最初由长江经过淮河、黄河直到开封，然后由开封经过旱路运到卫河，从卫河再运到天津、北京，这样很不方便。以后逐渐沟通了从淮河到山东泗水的水道，从泗水经过大清河、临清（这一段称为会通河），再到天津，然后经过几十里的水路到达通州，由通州到北京又开了通惠河。江南来的船只，可以一直航行到北京的积水潭。

元朝的国际贸易不亚于南宋。当时，通往国外的主要有两条路：一条是陆路，从新疆经过中亚细亚去欧洲，称为“丝绸之路”；另一条是海路，通往东南亚，因为从那里运来香料，所以称为“香料之路”。

手工业方面，元朝有几种手工业特别发达，最主要的是棉纺织业。在南宋时，已经开始用棉花纺线。到了元朝，已经开始征棉布税了。我们的织布技术是元朝黄道婆从海南岛传来的。在元朝已经有了织布厂，而且雇佣工人织布的事业很发达。到了明朝，北方的棉纺织业也普及了。我国的棉花一种是从南方传来的，还有一种是从吐鲁番传来的。除了棉纺织业以外，冶铁业也很发达，大冶地方私人开设的炼铁工场有雇佣一千多工人的。河南林虑山，由于炼铁而逐渐发展成为一个小城市。

元朝的新产品除棉花外还有烧酒，是阿拉伯人传来的，阿拉伯称为阿剌吉。我国原有的酒，是酿成的，酒力不大（元朝人饮葡萄酒也很盛），烧酒蒸发而成，酒力很大。当时有大批外国人来到中原，因此很多新东西、新技术也随之传入中国。

以上所说的是元朝经济发展的方面。当然，也有破坏农业生产的一面，特别是养马。马见树啃树，见庄稼吃庄稼，危害很大。皇帝也多次下诏书，禁止皇室、大臣的马破坏庄稼，但只是一纸空文而已。总而言之，元朝并不是一塌糊涂，有生产发展的一面，也有生产遭受破坏的一面。这里谈它的光明面多一点。

八、元朝统治集团的政争与腐化

元朝皇帝的世系，我们可以用下表来说明：

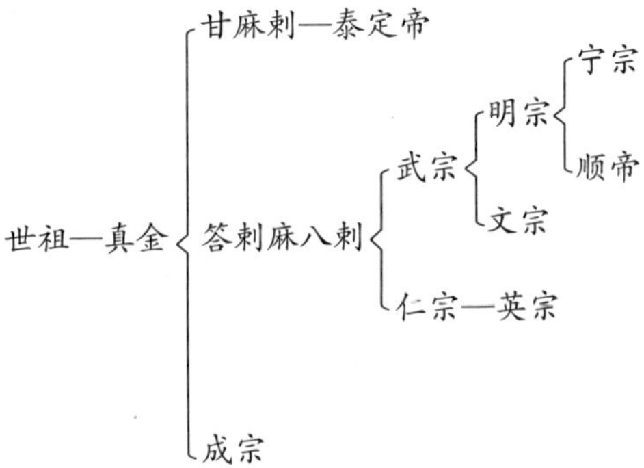

忽必烈即位后，由于西北诸王争夺政权，他便用重兵驻扎在和林。掌握了和林便可以阻止东道西道诸王的联合。此后，哪个亲王在和林带兵，这个政权差不多就掌握在他手里。忽必烈死后，镇守北边的成宗即位，是大将伯颜等拥立的。成宗死，皇后卜鲁罕摄政，欲另立阿难答继承帝位。当时海山（武宗）领兵镇守西北边境，他的弟弟爱育黎拔力八达（即后来的仁宗）至北京，迎武宗回大都即位，将阿难答和皇后卜鲁罕杀死。武宗为了酬谢他弟弟的功劳，立弟弟为皇太子，并且相约，今后帝位由他们两兄弟的子侄世世相承。但是，后来仁宗背约，命武宗二子出镇外地，把帝位传给自己的儿子英宗。后来英宗被权臣杀死，北部诸王遂立也孙铁木耳为帝，是为泰定帝。英宗在位时，泰定帝在克鲁伦河被封为晋王。英宗被杀后，泰定帝便在克鲁伦河即帝位。泰定帝死，武宗的儿子明宗从西北率兵回来，他的兄弟（文宗）把他杀了。文宗做了几年皇帝。文宗死后，明宗的次子宁宗和长子顺帝相继即位。到了顺帝三十五年（1368年），元朝就亡了。

从当时争夺帝位的情况来看，凡是能够当上皇帝的，都是北方统兵的人。从忽必烈时代起，他们都信奉喇嘛教。忽必烈称帝以前，他有一个兄弟住在凉州（甘肃武威），已经和喇嘛教接触。在西藏，喇嘛教最盛行的是萨迦派，因这一派的根据地萨迦而得名。最著名的喇嘛是帝师八思巴。

忽必烈到达上都后，看见汉人、女真人、契丹人都有自己的文字，于是命八思巴创制蒙古新字。八思巴根据西藏字母创造了蒙古方块字。于是忽必烈通令全国，凡是皇帝颁布的诏书一律用蒙古新字，以其他文字，如汉文等为副，也就是一边用蒙古文，一边用汉文。直到现在这种书写方式的碑文还很多。而在边疆，如云南、甘肃等地的蒙古人则还是用畏兀儿文字。忽必烈封八思巴为帝师。全国有一百八十路，规定每路都要修一个帝师庙。甚至皇帝的名字也用藏文，如宁宗的名字懿璘质班就是藏语“宝祥”的意思。

每年要游白伞盖，好像国庆节一样隆重热闹。放秃儿麻，要大赦，甚至有人收买喇嘛，乞请放秃儿麻，以便自己打家劫舍、掠夺财物的罪行，在放秃儿麻时得到赦免。皇帝每年用于佛事的开支几乎占全国税收的三分之二。中央还设立宣政院专管西藏政教事务，实际上是个佛教衙门。为什么叫作宣政院呢？因为据说唐朝吐蕃人来京时，皇帝在宣政殿接见他们，就是因此而定名的。同时还在西藏设立十三个万户府，都由帝师管辖，西藏的政教合一就是从那个时候开始的。

关于元朝统治集团的腐化情况，这里不详细讲了。

韩林儿北伐时，在其宣言里说：“贫极江南，富夸塞北。”从阶级观点来看，“贫极江南”并不包括江南的大地主。他们每年从江南征收几万担租谷，生活奢侈豪华。农民是很贫苦的。所谓“富夸塞北”，也不包括蒙古的穷苦牧民。当时蒙古族内部的阶级分化非常剧烈，蒙古贫苦人民甚至被运到东南亚一带作为奴隶出卖。后来还设立了宗仁卫专门收养蒙古子女之为奴者。所谓“富夸塞北”指的是蒙古贵族。

蒙古统治者的生活方式主要是打仗、打猎和宴会。他们有一种宴会叫作质孙宴。质孙就是颜色的意思。也称为诈马宴。诈马是波斯语衣服之意。在宴会上，如规定今天穿白色衣服，参加宴会的便只许穿白；如果规定是红色的，便只许穿红。所有衣服都是由皇帝赏赐的，不是皇帝赏的不能穿。这种衣服也叫作珠衣。这就是蒙古统治阶级的“富夸塞北”。

九、各族人民的反元斗争

南宋灭亡后，张世杰的旧部联合东南沿海各族人民继续反元。漳州人陈吊眼联合畲族妇女许夫人在福建漳州起义。黄华在建宁起义。当时浙江南部、福建、江西南部、广东东北部是畲族活动的地方，这一带的起义多和南宋的抗元军有联系。由于元朝政府的骚扰，后来西南各族也纷纷起来反抗。壮族黄圣许、岑毅等活动于广西左右江一带地方。为什么我们说他们是壮族呢？因为这一带是壮族分布的地方。朱元璋说过：唐宋以来，左右江一带（南宁）是黄、岑世代居其间。每次战败他们就逃到越南，元军一退，他们又出来活动，打游击战持续了多年。彝族人民的斗争也有多次，著名人物有宋隆济、蛇节（女首领），活动在贵州境内。在元朝时，贵州东部思南、北部遵义是苗人，贵阳、水西一带都是彝族聚居的地区。很早以来，贵州就设立土官，蛇节就是一个土官的夫人。1300年元朝政府用兵八百媳妇国（今泰国北部、老挝西北部、我国云南车里之南，传说该国酋长有妻八百，故名），派刘深领兵，途经贵州，强征各少数族人民从军，髡去头发，面上刺字，从军后，三四年不回来，同时还强调军需品，暴虐万分，激起人民反抗。蛇节所在地水西地方很穷，被强征三千两银子、三千匹马。于是蛇节率领群众起兵反抗。1303年战斗失败，蛇节被俘遇害。此外，在广西、湖南、贵州之间，有瑶族吴天保于1344年发动的起义，他率领军队从广西全州一直打到湘西洞庭湖边。这是几次规模较大的少数民族的反抗斗争，这些斗争不久都失败了。

元朝对北方汉族人民的起义是进行严厉镇压的。当时中原的白莲教非常盛行。元朝历代皇帝都禁止白莲教的传播。但是愈禁止，民间传播愈广。最后白莲教组织的红巾军起义了。红巾军主要有东系红巾军和西系红巾军两支。东系红巾军以徐州、颍州为根据地，由刘福通、芝麻李领导；西系红巾军主要在长江中流，由彭莹玉、徐寿辉等领导。关于红巾军起义的著作，解放后多得很，这里就不详细讲了。

元末农民战争的胜利果实最后被朱元璋夺去了。他是在红巾军起来以后起兵反元的。红巾军东部这一支，由毛贵率领的起义军曾经进入了山东，在那里选用官吏，分守诸路，设立屯田，开垦土地，想在那里建立一个根据地，并且想建立政权。后来又北上，一度打到北京附近的通州南面。元朝政府大为震动。另外一支由关先生、破头潘（潘诚）、沙刘二领导的起义军，由太原经大同直到上都。把上都烧了以后，又东向克复辽阳，并进入高丽，占领高丽京城。毛贵从山东派去许多只船渡海支援关先生。最后被高丽李成桂打败，退回东北。李成桂后来夺取政权做了国王，改国号为朝鲜。朱元璋兴起后，首先以南京为根据地，接着派兵北上，于1368年攻下北京城。元顺帝北逃至上都，元朝就此灭亡了。但是，元顺帝北逃后，仍自称为中国的皇帝。他死后，儿子爱猷识理达腊跑到和林，建立年号为宣光。朝鲜在元朝灭亡以后，还用宣光年号。

朱元璋军进入北京具有重要意义。自从936年石敬瑭割燕云十六州起，到1368年朱元璋军占领北京止，北京先后共四百多年一直由北方少数民族的统治者所占领，先是契丹，后是女真，接着是蒙古。

汉族地主武装与统治者配合，积极镇压元末起义。早在红巾军起义前，河南有信奉白莲教的捧胡发动的起义。当时，元顺帝慌了，就召集中央的汉族官僚商量镇压的策略。这些汉族地主阶级分子最了解汉人情况，所以提供的办法最为有效。可见蒙古贵族和汉族地主官僚在起义的农民面前，利益是一致的。全国性的大规模起义铺开后，到处有地主阶级组织的武装，与本地无组织的或组织领导不强的农民军对抗。最著名的是南阳一带的毛葫芦兵，他们是乡间的地主武装，因为装箭的袋子像个毛葫芦，所以叫作毛葫芦兵，直到明初还存在。此外，在各地还有所谓“义兵”“义勇”，设有千户府、万户府，全都是地方性的地主武装，组织多少人马，元朝政府就给多大的名义和官职。在当时，民族矛盾当然还是存在的，但是其中交织着地主与农民之间的阶级矛盾。还有一件事看起来很有意思，在赵翼的《廿二史札记》里，有一条札记，题目是《元末殉难者多进士》，所记的大都是汉人。凡是进士，都是地主阶级的知识分子，当然没有穷苦农民。皇帝开科取士，这些地主分子中了进士，就感恩不尽，拼命地帮助皇帝镇压农民起义军。

由此看来，元朝的农民起义，主要是地主与农民的阶级矛盾，而不是民族矛盾。起义者中也有像察罕帖木儿这样的人，名义上是少数民族，但实际上是已经汉化了的少数民族地主阶级分子。

十、元朝文化与东西交通

（一）元朝各族人民对祖国文化的贡献

元朝是我国各少数民族对祖国文化贡献最大的一个时期。各少数民族迁入内地大体上有以下几种方式：一种方式是迁移到内地来的，如新疆的畏兀儿人、阿速人、钦察人。他们是在被蒙古人征服以后，迁入中原来的；另一种方式是西域、中亚细亚的商人到内地来经商，他们就定居下来了；还有一种是由于宗教的关系而进入内地的。元朝有些回教、基督教教士从中亚和西亚到内地来。元朝时，中国已经是一个有五千万人口的大国。中原的经济、文化水平都很高，外族人想保持原有的风俗习惯和语言是不太容易的，他们必然要和中原人民融合，这是历史发展的规律。他们有的掳掠汉族妇女为驱口（奴隶），或霸占汉族妇女为妻子；有的与汉族官僚地主联姻，这些接触和关系，促使他们更快地接受了汉人的文化。

元朝在文化上的贡献很大。中原地区今天还可以看见元朝的文化遗迹，例如北京阜成门内白塔寺的白塔，是尼泊尔人阿尼哥建筑的。这是一种覆钵式塔，在元朝以前，中国还没有见到过。另外，如居庸关云台上刻的梵文、藏文、畏兀儿文、蒙古文、汉文、西夏文六种文字，可以看出元文化的多样性。

少数民族在医药方面有不少贡献，萨德弥实搜集大批中医药方编成《瑞竹堂经验方》，忽思慧的《饮膳正要》中介绍许多动植物的药物性质。

在农业方面，有畏兀儿人鲁明善的《农桑衣食撮要》，说明什么时令该种什么。

文学艺术方面，诗文最著名的有马祖常。元朝姓马的人有三种来源：一种是汉族姓马的；一种是信仰伊斯兰教的，是从马哈默德一姓中取第一个字作为姓的；还有一种是信奉基督教的，是从马尔（主教）一字变来的。马祖常信奉基督教，汪古部人，他的父亲在光州（河南潢川）做官，于是在那里落户了。元朝这种情况很多，少数民族到内地来做官的，后来都落户了。《青阳集》的作者余阙，西夏人，他的父亲在庐州做官，便成为庐州人。当时著名的书法家巎巎（元朝人的名字非常奇怪，按照蒙古人的习惯，小孩刚生下来时，他母亲看见什么就取上什么名字。譬如看到丑驴，就叫孩子为丑驴，看见姓张的奴隶，就叫孩子作张家奴），字写得很好，当时有“南赵（赵孟頫）北巎”之称。巎巎是康里人，康里在现在咸海以北的哈萨克一带。现在乌丹城还保存他写的碑文。

还有蒙古人写的《元朝秘史》，是世界上研究蒙古族游牧生活的最好的史料。

少数民族给蒙古创造的文字，如乃蛮人用畏兀儿文字书写蒙古语，如八思巴创制的蒙古方体字。

以上所说的是少数民族对中原文化的贡献。另一方面，少数民族进入中原后，长期和汉人相处，在思想感情、风俗习惯方面也受到了汉人的影响。例如蒙古人学了汉人的丁忧制，父母死了要守三年丧。他们和汉人产生了友情，有往来赠答的诗。因为他们长期和汉人来往，思想感情逐渐融合在一起。

总之，在中国历史上，除了元朝以外，没有任何一个时代的少数民族对祖国文化有这样大的贡献。

（二）中外交通

大蒙古国的疆域非常辽阔，因此中外交通也比前代发达。

蒙古初年，在贵由时代，罗马教皇曾经派遣传教士来蒙古。不久，法国国王圣路易派遣十字军东征，听说蒙古信仰基督教，企图与蒙古夹攻被土耳其人占领的基督教圣地耶路撒冷。于是派人经过伏尔加河来到蒙古的和林。

成吉思汗第四子拖雷的妻子唆鲁禾帖尼别吉，是漠北五个集团中克烈部首领王罕的侄女。她是蒙哥和忽必烈的母亲，在元朝的地位很高。克烈部信奉景教，贵由时代曾派人到叙利亚去请教士，结果来了一个叫爱薛的人。爱薛在中国做官，建崇福寺（基督教教堂），掌广惠司（管回回医药，相当于回回医院）。前者管基督教，后者管回回药物。蒙哥的母亲还把自己的侍女嫁给爱薛。

在百灵庙一带的汪古部也信奉基督教。在道老杜苏木还保存耶律公碑的残碑，记载着汪古部信奉景教的事迹。

另外还有一个很著名的从西方到东方的人，名叫马薛里吉思。成吉思汗西征时幼子拖雷有病，马薛里吉思泡制一种名叫舍儿别赤（阿拉伯的一种果子露加薄荷）的饮料，把拖雷的病治好了。马薛里吉思信奉基督教，后来他到了镇江，元政府任命他做那里的副达鲁花赤。镇江是水陆咽喉，他利用职位在镇江修了几处忽木剌（修道院）。此外还在丹徒、杭州等地修建忽木剌。

罗马教皇也曾派孟特戈维诺到东方来，并任命他为大都教区的大主教。孟特戈维诺死后，大都教区的阿速人于1338年请求教皇再派主教。他们派出的使团携带了阿兰贵族福定、香山、者燕不花等署名致罗马教皇的信。

当时由于宗教的关系，东西方不断有来往。就在1338年，教皇派遣马黎诺里来中国，觐见顺帝，同时还献了一匹马。这匹马全身黑色，四蹄白色，当时号称天马，又称佛郎马（波斯人称欧洲为佛郎，因此把这匹欧洲带来的马叫作佛郎马）。顺帝还令臣下写诗赋歌颂此马，并且命画家周朗为此马作了一幅画像。这张画像在1815年时还存在故宫。后来不见了，可能在1860年毁于圆明园。

总之，元朝东西交通畅通，不少西方人来到了东方，同时，东方人去西方的也很多。元世祖忽必烈初年，为了和西方通消息，曾经派铁连出使钦察汗国。元明宗和世㻋曾经跑到察合台汗国去，回来时还带了一批俄罗斯人。明宗被他的弟弟杀死后，俄罗斯人群龙无首，开始被亲王、将军们瓜分了，后来又被组织起来，在北京附近耕种几百顷地。

忽必烈时代，北京人马忽思和汪古部人列班扫马，他们世奉基督教，去耶路撒冷朝觐圣地，经过新疆、中亚细亚，到达巴格达，朝见了总主教腆合，以后又到了叙利亚。他们回到巴格达后，腆合死。巴格达总主教又派列班扫马去西方，会见了法国国王腓力和英王爱德华一世，以后又经罗马回到巴格达，最后死在那里。可见当时东西方交通方便，中国人已经西行，见到了英、法的国王。

当时的海路直通波斯湾。在印度洋上，有季节风，半年风向往西，半年风向往东。海船也是半年去西方，半年到东方来。马可·波罗就是从泉州启程，乘海船经波斯湾回国的。

此外，杨廷壁曾经三次去印度，还到了锡兰。到东南亚去的是汪大渊，回来后写了一本《岛夷志略》。周达观曾经出使真腊（今柬埔寨），写过一本《真腊风土记》。爱薛从叙利亚到达波斯。孛罗丞相到了波斯就不回来了，帮助拉施特撰写《史集》。

总之，当时东方人去西方、西方人来东方的都很多。有的是传教的，有的是做生意的，有的是使者，各种各样的人都有。

（三）中国文化的西传

中国的钞票在宋金时代已经很盛行了。马可·波罗到中国来时，看见中国人用黑石（煤）生火，用纸（钞）换东西，感到非常奇怪。波斯的蒙古可汗海合都时政府财政发生困难，有人提议采用中国的办法印纸币，并且请求孛罗丞相把印纸币的方法教给他们。1294年开始发行，用了两个月，商店里什么东西都没有了，交易停止，路上没有行人。结果又把它取消了。

波斯人也采用驿站制度。当时畏兀儿人阔里吉思在波斯做官，就以徒思为中心，在全国各地设立驿站。由一个中心地点向四面八方发展。每一个驿站都备有马匹、酒食。用什么马，吃什么饭，住什么房子，都有一定规定。制度完全仿效中原。

伊利汗国离欧洲很近，与欧洲人往来密切。巴黎国家图书馆还保存着伊利汗国国王与法王腓力往来的信件。伊利汗国国王给法王的信中，用的是蒙古文，盖的是汉文印章，印章上篆刻着"辅国安民之宝"和"真命皇帝和顺万夷之宝"几个字。伊利汗国在当时还是忽必烈中央的一个藩属。

中国的天文历法这时也传到西方。忽必烈的兄弟旭烈兀曾经打到波斯，并在那里建了伊利汗国。旭烈兀后来到了波斯，在那里编了伊利汗天文表，采用中国的推算方法，当时有中国人在波斯教推算之术。

1260年叙利亚之役，中国制造火药的工匠被俘，从此火药传到西方去了。

关于文化方面，著名的《史集》是拉施特依靠孛罗的帮助写成的。

（四）西方文化的东传

在旭烈兀西征以前，有一个西域的天文学家札马鲁丁来到了中国，他准备在和林建天文台，可是和林没有条件。后来旭烈兀却在波斯建立了天文台。札马鲁丁来中国时，曾经介绍了西域的天文仪象、万年历等。当时北京除了汉人传统的天文仪器外，还设立了回回司天监，采用回回历法来推算。此外，回回炮也在这时传入中国。

十一、元朝在历史上的地位

对于元朝的总体评价，目前存在着不同的意见。

在我国历史上，汉有“文景之治”，唐有“贞观之治”。如果你说元朝亦有什么“之治”，有些人就不能接受。对于北魏、清朝也是如此。我觉得这样看问题是从狭隘的民族主义观点出发的。无论哪一个民族建立中原王朝，都要和中原的地主阶级结合，依靠中原地主阶级进行剥削，不然就不能统治下去。所以不能单纯地从民族上来看问题。当中原的皇帝宝座上，坐着一个少数民族的皇帝时，这个时代，是民族矛盾和阶级矛盾交织的时代，所以，也是激起人民反抗最多的时代，阶级矛盾是主要的，当然，也不能说没有民族矛盾。在元朝时，蒙古统治者在中原依靠汉族地主阶级剥削人民，而汉族地主进行剥削时，也需要依靠蒙古贵族的统治。他们是相互依赖、相互联合的。我们决不能把元朝起义的原因全部归结为民族矛盾。

从元朝的社会经济来看，是发展了呢，还是衰退了呢？北方在金朝末年，社会经济残破不堪，很多地方的生产衰落了，这不能完全由成吉思汗及蒙古人负责。因为从当时的情况来分析，北方生产的残破是经过一个历程的。主要是金朝末年，统治阶级政治衰败，平时大肆剥削、欺压人民的结果。金朝政权逃到河南，河北人民纷纷起义，很多地主（汉族的和女真的）被杀。地主也屠杀了很多农民。人口大量死亡，使生产受到严重破坏。金朝灭亡后，统治阶级在北方开始恢复生产。南宋灭亡时，江南破坏得并不太厉害，只是作战地区有些破坏，广大的地区和南宋时代一样，社会根基没有触动。所以南宋灭亡后，社会生产基本上未受到破坏。北方有些地方（如山西）后来恢复得很好，没有闲地，单位面积产量很高，甚至做到一亩地养一个人。所以不能说元朝的经济没有恢复、没有发展。在元朝，耕地面积扩大了，边疆开发了，牧地开发了，棉花完全普及了，棉花代替了丝麻。据记载，中国北方原来是丝麻遍野，到了元朝，被棉花代替了。这在穿衣问题上，是一个很大的改革。从前穷人穿麻，现在穿棉了。所以，从经济作物上看来，元朝也不是衰落得很厉害；从耕地面积上来看，北宋、南宋还不能和它相比。

从民族关系上来看，当时元朝国内分为四等人：蒙古人、色目人、汉人、南人。这是不是绝对的等级界限呢？不是的。在中央政权和军权方面，蒙古、汉是有区别的，如蒙古人为正职，汉人为副职。法律上规定，蒙古人打汉人，汉人不得还手，这是不平等的。但是，我们应该看到，各族的统治阶级互相勾结在一起，共同欺压广大人民，这才是元朝的根本性质。中央政权只是掌握在几十家蒙古贵族手里，广大的蒙古人民仍然是被剥削者、被压迫者。中央还设有宗仁卫，专门赎买沦为奴隶的蒙古人子女。这充分反映了蒙古族内部的阶级分化和广大的蒙古下层人民的悲惨处境。

从成吉思汗以后，蒙古族才逐渐形成。成吉思汗时，蒙古强大起来了，在世界舞台上开始占据了重要的地位，北方部落不再被人吞并，蒙古族才形成了一个共同体。

回族也是这个时期形成的。许多中亚细亚人，原来信奉回教，来到中原以后，定居下来，接受了汉族的经济、文化。尤其是到了明朝，虽然风俗习惯还是回教的，但是经济生活几乎和汉人差不多了。

更重要的是吐蕃。从元朝起，西藏开始成为祖国多民族中的一员，成为祖国不可分割的一部分。早在唐朝时，西藏和中原的关系就很密切，两个王朝是甥舅关系。到了元朝，在那里设立了十三个万户府，成为祖国不可分割的一部分。对云南的开发，赛典赤、张立道起了一定的作用，在他们去云南后，实行了许多发展农业生产的措施，给人民带来了很大好处。总而言之，吐蕃、云南在这时都开发了，那里的民族成了中国多民族中的一个成员。这是前代稀有的事。

少数民族对祖国科学文化方面的贡献，最突出的是在文学、美术、医药等方面。少数民族在这方面的著作之多，是空前的，虽然不少是用汉文写的，但是作者是少数民族。

此外，中外交通特别发达。陆路通波斯、叙利亚、俄罗斯、欧洲；海路从泉州通波斯湾、印度和东南亚。上海以北的浏河，就是当时出海的重要港口，明朝郑和下西洋就是从这里出发的。郑和下西洋实际上是元朝海外交通的继续和发展。

由于中外交通的发达，东西文化得以相互交流，相互提高。西方的天文学传到中国来，当时在中国北方的广大地区都设有观测站。中国的火药制造、医药、纸币也输入西方。

研究历史应该做到史与论结合。我们研究元朝的历史，首先要看原始材料，还要对史料进行分析。史料都有时间性和空间性，这一时代的这种说法，对这个地点、这个时期来说是真实的，对另一地点、另一时期就不适用了。譬如《元史 · 刑法志》里有一条禁令："诸夜禁，一更三点，钟声绝，禁人行；五更三点，钟声动，听人行。违者，笞二十七。"（有人说：

本来应该打三十下，由于蒙古皇帝的恩赐，减了三下，所以只打二十七下。其实元朝的打法都是二十七、三十七、四十七下。蒙古旧俗历来就是如此，到内地来仍然如此。）这只能是某一阶段的禁令，因为一更三点，天还没有黑。如果说元朝统治的一百多年里，每天夜里街上都没有一个人走，这是不可想象的。所以我们对史料要具体分析，不能脱离时间、地点，不可以偏概全。

又如《元史·刑法志》中的禁令："诸汉人持兵器者，禁之。""诸民间有藏铁尺、铁骨朵及含刀铁柱杖者，禁之。"元朝收的兵器最多，但元朝的起义也最多，可见，这一禁令并没有始终起作用。有的文章根据这条禁令证明元朝统治非常黑暗，这是不妥当的。

总的看起来，元朝也有黑暗的地方。但在元朝，吐蕃、蒙古成为祖国不可分割的一部分，云南开发了，宋、金两朝残破的地方也恢复了，可见，元朝对中华民族也有贡献。对于文献资料中的记载，要分析是哪个地点、哪个时期的东西。不能只突出其中的一两点，尤其不能用狭隘的民族主义观点来看元朝。元朝跟其他朝代一样，经济也是发展的，不是一塌糊涂。

十二、关于国内外研究元史的情况及其他几个问题

（一）国内外研究元史的概况

近年来，研究元史的人逐渐多起来了。这一套学问是清朝末年西北舆地之学（或称西北地理）的继续和发展。

它是怎样发展起来的呢?

这和欧洲殖民主义者东来有关系。因为在鸦片战争前后，中国的边疆问题一天天多起来。一部分知识分子，开始注意了解外国情况，了解边疆问题。这许多地方在历史上的情况究竟怎样？相当于现在的什么地方？于是对边疆问题的研究在当时形成了一种新风气。

我们先从徐松（1781年—1848年）讲起。徐松字星伯，大兴人。嘉庆十年（1805年）以进士入翰林。后来在湖南做主考。有人控告他犯罪，充军到了伊犁。出关以后，没有什么事

情，常常骑着马，带着画了方格的小册子，根据所到的地方把山川曲折画成很简单的地图。每一方格表示若干方里。在充军新疆的几年中他亲身到过不少地方，后来写了好几部有关新疆的书，直到今天还很有用。一部是《西域水道记》，仿照郦道元《水经注》的体裁。在书中记载着每一条河流经过什么地方，有什么城市，把各朝代（包括元朝）历史事实也组织进去。这部书写得很好，直到今天，在研究新疆历史地理和考古时还是很有用的。另一部《汉书西域传补注》，说明汉朝西域各国相当于现在的什么地方、哪些城市。对于《汉书·西域传》的研究，能够超过这本书的还不多。此外，他还写有《新疆赋》。

徐松的门下士中最著名的是沈垚（1798年—1840年）。沈垚字敦三，号子敦，乌程人，贡生出身，是一个不得志的文人，精通历史地理。徐松也爱好地理。沈垚就住在他家里，写了很多文章。这也是一个特别的人物。他有《落帆楼文集》《西游记金山以东释》等著作。《长春真人西游记》是钱大昕、段玉裁游苏州玄妙观时，从《道藏》中找出来的。这部《西游记》记载山东登州道士邱处机率领弟子到中亚兴都库什山见成吉思汗的经过。金山以西的地理，徐松曾加以研究。沈垚在《西游记金山以东释》中专释蒙古地区的地理。沈垚到北京前，曾当过沈曾植父亲的家庭教师。后来沈曾植在年轻时候就对西北地理很留意，或者就是受到沈垚的影响。

比沈垚稍晚一些的有张穆（1805年—1849年），著有《蒙古游牧记》。此书以地理为纲，以历史为纬，把历代的有关史事分别抄录在蒙古各旗的下面，是研究蒙古地理不可少的参考书。

与张穆同时的有何秋涛（1824年—1862年），著有《朔方备乘》《圣武亲征录校正》。何秋涛将北方地理书籍及他本人所做的考证抄辑在一起，成一部相当大的书，送给皇帝。皇帝赐书名为《朔方备乘》。

此外，还有龚自珍（1791年—1841年），他是段玉裁的外孙。儿时，段玉裁就教他背诵《说文·部首》。但是，他壮年时所研究的问题和他的外祖父完全不同，他写了《蒙古声类表》等文章。乾嘉时期，封建社会的学者瞧不起少数民族的文字，只重视古代汉语的音韵训诂之学。但是他们的下一代龚自珍就大不同了，他研究少数民族的文字，不仅懂蒙古文，还通藏文和维吾尔文。时代变了，有远见的学者所注意的问题、所研究的对象也变了。

和他同时的还有魏源。我们知道，林则徐到了广州以后，为了了解世界情况，立刻派人到澳门去买外国书籍报纸，把他认为必要的译成中文，借以了解外国的情况。魏源和林则徐是好友，魏源根据林则徐收集的一部材料编为《海国图志》。魏源认为元朝的版图在西北很广阔，仅仅根据中国的史料还不足以说明元朝的基本史实，因此发愤重修元史。《元史》是明朝的官书。书成后很多人对它不满意，但也不敢重修，不敢提意见。所以在明朝只有《元史续编》《元史补遗》之类的著作。清初邵远平写了《元史类编》一书，此书又名《续弘简录》。因为他的曾祖邵经邦曾著《弘简录》，想续宋朝郑樵的《通志》，但是没有力量续这本书的“二十略”，只有纪、传二体。邵远平的书只是想续曾祖的《弘简录》，还不是想重修元史。

第一个重修元史的是钱大昕（1728年—1804年），据说他的《元史稿》共一百卷。1905年—1906年时，日本岛田翰到江南访书。在《访余录》中说：1905年时还亲眼见到钱大昕的书，有二十八册，但是已经不全了，前二十五卷缺了。既然在1905年时还能够见到这部书，因而很多学者认为这部书将来很可能被发现。目前留下的只有《补元史氏族表》和《补元史艺文志》。《元史氏族表》是把元朝的蒙古人、色目人的世系列成表，好像家谱。旧《元史》没有经籍志，《元史艺文志》就是这一部分的补充。这两书都是《元史稿》的一部分，但是全书没有刊行。

写成了书，而且流传到今天的，最早的就是魏源的《元史新编》。当时已经有一些欧洲的书籍译成汉文。魏源是非常注意西方事物的，于是把一些欧洲的材料搜罗在自己的书里。今天看来，有很多东西没有意思，因为他所依据的，大多是欧洲的历史和地理的普通著作，如莫里逊的教科书等。但是在当时能有这样的眼光，读这样的书，并且敢于采用外国的材料，已经是很特殊的人物，就算是了解外国的人了。

以上所谈的这批人物和著作多半是鸦片战争以前的。当时资本主义国家企图侵略中国，边疆问题日益频繁。许多人就注意边疆地理，同时还涉及边疆历史，于是就写出了这些东西。

鸦片战争以后，1861年在北京设立了总理各国事务衙门，办理外交事务，派出驻各国的公使，因而元史研究的进步，速度就更增加了。

1889年，伊尔库茨克博物院院长雅德林采夫到蒙古去考察。当时还没有人知道元朝的都城和林在什么地方，雅德林采夫在外蒙古的额尔德尼发现了元朝都城喀拉和林的废墟，同时还在附近发现“阙特勤碑”“毗伽可汗碑”“九姓回鹘可汗碑”。这三块碑的发现惊动了世界。

1892年俄国的突厥学家拉德洛夫院士又到那里去考察。将考察所得，编纂为《蒙古古物图谱》，1893年出版。

阙特勤是突厥毗伽可汗的弟弟，阙特勤碑是唐玄宗为他立的。碑的一面为汉文，隶书，其他三面为突厥文。碑上的汉文没有什么用处。最重要的是突厥文，上面写了阙特勤的一生。

《蒙古古物图谱》印出来后，帝俄驻中国公使喀西尼送了一部给总理衙门。沈曾植为阙特勤碑写了一个跋文。

《蒙古源流》的作者是鄂尔多斯乌审旗的萨囊彻辰。《蒙古源流》前半部是讲西藏历史，是根据所谓《嘉喇卜经》节录的。《嘉喇卜经》是帝王世系的意思，是元末明初人福幢的著作。这本书汉文有两种译本：一种称《西藏王统记》，另一种称为《西藏正教史鉴》。《蒙古源流》的前半部没有什么用处，后半部关于明朝鄂尔多斯的这一部分，写得很详细，很有用处。沈曾植著有《蒙古源流笺证》。

沈曾植死于1922年。他还著有《元秘史笺注》，也是死后才刻出的。

前面提到的《蒙古古物图谱》中，除了唐朝的碑以外，还有元朝的碑。李文田认为这是很宝贵的材料，把这些碑文抄了出来，编成《和林金石录》。李文田（1834年—1895年）也是西北地理专家，著有《元秘史注》。这本书现在还有用处。最近这本书的木刻本还重印了。此外，还著存《圣武亲征录校正》。《圣武亲征录》和《元朝秘史》是两个孪生兄弟。波斯文《史集》中的《成吉思汗传》记载成吉思汗的先世和他本人的一生事迹。我们如果把《元朝秘史》《圣武亲征录》和《史集》中的《成吉思汗传》拿来对照一下，就可以看出《圣武亲征录》和《成吉思汗传》几乎每一节都是相应的。所以这些材料大概来源于一个“祖本”。而《元史·太祖本纪》又是从《圣武亲征录》抄来的。它们的关系我们可以用下面的表来表示：

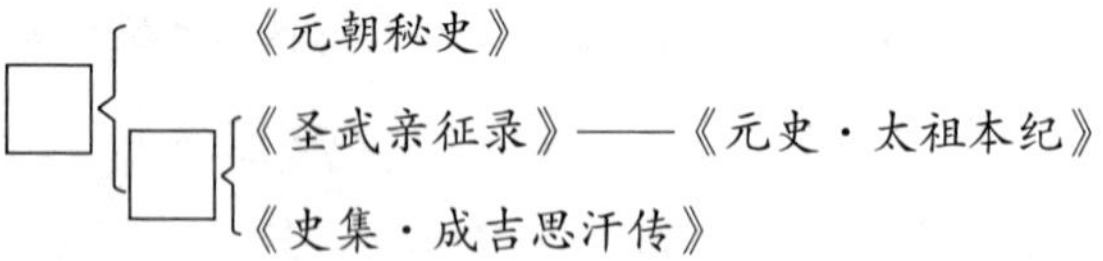

王国维的《圣武亲征录校注》，是在李文田的基础上又向前发展了一步。

这个时期还有一个人值得一提。这就是文廷式。他非常注意元朝的历史。1890年以前，《永乐大典》大部分还存在，文廷式有机会看到这些东西，于是从《永乐大典》中把片段的元朝文献抄了一些，如《大元官制杂记》《大元仓库记》《大元毡罽工物记》等。后来这些东西收入《广仓学窘》丛书中。

清朝末年，中国很多士大夫到日本去考察，文廷式就是其中之一。日本的学者在明治维新以前处处学中国，在此以后就处处学西洋。文廷式去日本时，所谓东方学开始输入日本。内藤湖南（1866年—1934年）托文廷式回国后抄一本《元朝秘史》寄给他。1901年那珂通世才得到这本书。以后他根据《元朝秘史》的蒙古文，将它翻成日文，称为《成吉思汗实录》。这本书对中国的影响很大，《蒙兀儿史记》和前几十年的其他有关元史的著作都受到它的影响。

下面我们再谈一谈洪钧（1839年—1893年）。洪钧于1887年到了圣彼得堡，任驻俄、德、奥、荷四国公使。他在出国以前就很留心西北地理之学。

1876年英国的霍渥斯用英文写了一部《蒙古史》。这部书共分五册，其中第一册记载蒙古先世、族源以及从成吉思汗到清朝末年的中国蒙古族历史；第二册及第三册记载俄国境内的蒙古汗国（如钦察汗国或金帐汗国等）的历史，第四册记载波斯的蒙古汗国，即伊利汗国的历史；最后还有附录索引。这部书于1888年出版完。

在此同时，俄国人贝勒津翻译出版了拉施特的《史集》，译本是俄文与波斯原文的对照本。贝勒津的译本和波斯校刊本，发表在《帝俄考古学会东方部著作集》中。现在我们把贝勒津所发表的译本和校本，列表如下：

《史集·部族志》俄文译文，《帝俄考古学会东方部著作集》，第五卷，1858

《史集·部族志》波斯原文，《帝俄考古学会东方部著作集》，第七卷，1861

《史集·成吉思汗传》（即位前）原文及译文，《帝俄考古学会东方部著作集》，第十三卷，1868

《史集·成吉思汗传》（即位至死）原文及译文，《帝俄考古学会东方部著作集》，第十五卷，1888

洪钧到达圣彼得堡的次年，恰恰霍渥斯及贝勒津的著述都出齐了。这对于一位研究西北舆地之学的人来说，是个很好的机会。洪钧利用他左右译人的方便，把贝勒津的译文，都翻译成汉文了。最后他把研究所得写成《元史译文补证》。《部族志》虽然也译出来了，但是他死后稿子遗失了。这样一来，我们中国的学者除了汉文的元史资料之外，知道域外文字中还有许多蒙古史材料，这就为元史的研究开辟了一个新的天地。

屠寄著有《蒙兀儿史记》。他本人不懂外文，由他的儿子帮助他。找来的所谓新材料大部分没有史料价值。这部书的特点是在正文以后还有考异、注解、断句。初学的人，读它很方便。“蒙兀儿”这个名词是杜撰的。屠寄根据《元朝秘史》蒙古字的汉文音译解释很多专有名词。但是他不知道蒙古语言的特点，多不可信。

屠寄在处理史料方法上比较武断，好像元朝地理什么地方都能够找出来似的。那是不可能的。所以这部书有很多地方是存在着问题的。

《新元史》的作者是柯劭忞（1850年—1933年）。他与徐世昌同年，是民国初年的一个清朝遗老，在《新元史》中他还写“臣曰”。《新元史》的材料来源不注明出处，所以他采用的材料不可轻易置信。北京大学出版了他的《新元史考证》和《译史补》。前书是他的残稿，很有用。可惜剩余无几了。

旧《元史》的缺点之一，是一人两传。因为它是出自众手，主编人没有周密审阅。《新元史》是一个人写的，但是在《氏族表》里，也出现一个部落两表和一人两表的情况。其所以造成这种错误的原因，是译音上的问题。从波斯文翻成欧洲文字，有时音点被点错，整个读音就变了。于是一个部落变成了两个部落，或一人变成两人。在《新元史》中就自然会出现一人两表（如绰儿马罕）、一个部落两表的情况。

下面我们谈一谈近几十年来中国史学界受到西方汉学影响的学者。

陈寅恪先生早年注意东方语言文字，写过元史方面的一些文章——特别是对《蒙古源流》的研究。以后他的兴趣似乎转移了。

陈垣老先生，现在已经八十多岁了，还经常写文章。是一位令人钦佩的老先生。写过《元西域人华化考》等许多文章。

成绩突出的是王国维。他是海盐人，本来是一个寒士。最初在上海谋生。罗振玉看他很有天才，就把他带到了北京。他早年专治文学和哲学，研究过康德和叔本华，写过《宋元戏曲考》。这是中国第一部研究戏曲史的著作。清朝亡后，他跟罗振玉曾跑到日本。安阳甲骨文字发现后，他研究甲骨文。甘新发现汉简，他又研究敦煌汉简。他研究方面很广。就当时讲，他在学术上虽不算落后，但在政治思想上却十分反动。他担任过北京大学的通信导师和清华大学研究院的教授。到了晚年才研究元史。他整理过《蒙鞑备录》《黑鞑事略》《长春真人西游记》《圣武亲征录》等书。清华大学把它编印成《蒙古史料四种》。除此以外，对辽金时代的蒙古先世史收集了很多材料，做过很深的研究。

再其次是张相文和张星烺父子。张相文曾经和屠寄辩论过鄂尔多斯的成吉思汗陵寝是真是假的问题，张相文认为是真的，屠寄认为是假的。两人写了很多文章。张相文还编有《湛然居士（耶律楚材）年谱》《西游录今注》，收集在《南园丛稿》里。张星烺是张相文的儿子，翻译很多中外交通的材料（里面不少关于元史方面的材料），编成《中西交通史料汇编》几大册。

翻译《多桑蒙古史》的冯承钧，在介绍外国学术上也做了不少工作。多桑是亚美尼亚人。小亚细亚一带，民族复杂，在那时，只懂一国文字，就无法活动。多桑通阿拉伯文、波斯文、突厥文。他收集了很多西文、拉丁文的和东方文字的材料，写成著名的《蒙古史》。当波斯文和阿拉伯文的许多材料没有译出来以前，这部书还是可以供我们参考的。这部书在解放前就翻译出来了，最近中华书局又重印出版。

冯承钧翻译了不少欧洲东方学家写的有关南海和西域方面的文章，后来汇集成《西域南海史地考证译丛》。现在已经出了若干册。其中差不多都是法国人的著作，特别是伯希和的文章。此外，冯承钧还写过一本《成吉思汗传》。把法国人格鲁塞《远东史》中关于蒙古史的部分，译成汉文，叫作《蒙古史略》。

在现在的元史专家中，邵循正带了几个研究生，他曾翻译拉施特《史集》中的《忽必烈纪》。翁独健领导历史研究所的一个研究组，正从事深入研究元朝的阶级关系、民族关系等问题。内蒙古大学历史系蒙古史研究组，年轻人很多，朝气蓬勃，非常可喜。目前世界上蒙古族最多的是中国、蒙古人民共和国、苏联。蒙古人民共和国号称有蒙古人百万，实际上不到一百万人。苏联在贝加尔湖的蒙古人约有三十万人。而我国的内蒙古自治区等地有将近二百万人。因此，我们希望内蒙古大学将来成为全世界研究蒙古史的中心。

中国研究元史的情况大概就是这样。

说一说关于欧洲研究元史的情况。

首先谈谈苏联。

中国和欧洲的交通往来，从近世来讲，首先是明朝末年利玛窦从海道、俄国人从陆路先后来到了中国。顺治皇帝入关的时候也正是俄国人到达了黑龙江的时候。康熙二十八年（1689年）中俄订立了“尼布楚条约”，开始了正式贸易关系。康熙三十二年（1693年）双方议定俄国商队每三年来北京一次做生意，带来各种皮毛，然后把茶叶、绸缎、布匹带走。雍正五年（1727年）又订立了“恰克图条约”，商定俄国正教会每十年轮派一个使团来北京，并派遣留学生来中国学习。早期的俄国著名汉学家都是出自这些人。其中最著名的是比丘林（1777年—1853年）。他在1807年—1820年任俄国正教会团长来华。他曾经在圣彼得堡把中国正史中的若干外国传都翻成俄文。解放以后，苏联还重印了这部书。他又把元史中太祖、太宗、定宗、宪宗四个《本纪》译成俄文，苏联学者至今还使用它。可惜他所根据的是乾隆改过的本子。译音不可从，西方汉学家为他所误的不少。

同时有施密特。他曾得到蒙古文本的《蒙古源流》，就用德文把它翻译出来，于1829年出版了原文和德文对照的所谓《东蒙古史》。

还有哀德蛮曾经把拉施特《史集》中的部族志译成德文（有删略）。他又采用拉施特的材料和中国的材料，写了一本成吉思汗传，书名叫《不动摇的铁木真》（1862年出版）。柯劭忞的《译史补》中所引用的材料就是根据这部书。

到了清朝末年，正教会使团中有一个瓦西里耶夫（1818年—1900年），曾经在中国住了十年，1857年把《蒙鞑备录》译成了俄文。《不动摇的铁木真》一书中引用的中国材料就是采用这部书。在《蒙鞑备录》里把鞑靼人分为生、熟两种，离汉人较远的称“生鞑靼”，离汉人较近的称“熟鞑靼”。他译“生鞑靼”为“野蛮的鞑靼人”。柯劭忞未能分析史料的来源，《新元史》的“野鞑靼”，就是这样来的。“生鞑靼”到俄国去留了学以后，回国来就变成“野鞑靼”了，很好笑。

再就是巴拉第，他是俄国正教会使华团的团长，是第二次鸦片战争时期帝俄侵华的参加者。1866年翻译出版了《元朝秘史》。这是根据汉文本译成俄文的。此外，巴拉第还把《长春真人西游记》和《圣武亲征录》译成俄文。

巴拉第从韩泰华手中买到的《元朝秘史》抄本，最近苏联把它影印出来了。

十月革命前已出名的蒙古史家巴托尔德写了一本《蒙古入侵时期的突厥斯坦》，共两册，于1898年—1900年出版。这是研究蒙古史的必读书之一，尤其是研究中亚细亚，更需要读这本书。书里谈到中亚细亚的地理，阿拉伯人进入中亚细亚以后的情况，还有成吉思汗的西征。这本书有英国罗斯的英译本，于1928年出版，最近又再版。除此以外巴托尔德还有一本书，名叫《中亚突厥史十二讲》。这是1920年应土耳其的邀请，在君士坦丁堡讲学的讲稿。十月革命以后，他的思想没有什么改变，但是他的书的材料很丰富，所以读的人很多。关于中亚细亚的历史他写了论文若干篇。最近还译成英文，编成两本小册子，名为《中亚史》。

符拉基米尔佐夫（1884年—1931年）在十月革命以后，思想有不小的进步，他写了一本《蒙古的社会制度》。可惜这部书没有写完就死了。他想用历史唯物主义的观点来写蒙古的社会制度。他的蒙古文很好。书的内容很有特色。这本书的中译本《蒙古社会制度史》，翻译得太坏，是1940年根据日译文重译的，绝大部分读不懂。

柯津译写和翻译的《元朝秘史》，于1941年出版。《元朝秘史》的老蒙古文和现在的蒙古文有相当大的差异。前几年蒙古人民共和国达木丁苏荣根据柯津的译写本把老蒙古文的《元朝秘史》翻译成了现代蒙古文。现在很容易买到。

苏联院士雅库博夫斯基的《金帐汗国兴衰史》，还没有中文译本。

苏联研究蒙古史有两个中心，一个是列宁格勒，一个是莫斯科。莫斯科有亚洲民族研究所。在亚洲民族研究所里，研究蒙古现代史的人比较多。研究古代史的莎斯提娜的著作比较多。

十月革命后，苏联科学院又组织人力，翻译拉施特《史集》中的全部《蒙古史》。1960年俄文译本全部出版，列表如下：

第一卷				
第一分册	部族志	Хетагуров	译	1952
第二分册	成吉思汗	Смирнова	译	1952
第二卷	窝阔台至帖木儿	Верховский	译	1960
第三卷	伊利汗国	Арендс	译	1946

苏联的情况大致就是这样。

东欧人民民主国家中，也有不少蒙古史家，波兰的科特维奇（1872年—1944年）是一个语言学家，他写了很多关于蒙古史的论文。科特维奇死后，继承他的有李维斯基。

匈牙利蒙古语言学家李盖提，是科学院的副院长，他到蒙古去过几次。他不是历史学家，前几年来过中国。

下面我们继续讲资本主义国家研究蒙古史的情况。

首先讲法国。

解放前帝国主义学术界有过这样的话：汉学的中心不是在北京，而是在巴黎和东京（在欧洲是巴黎，在东方是东京）。帝国主义分子污蔑我们到了如此程度。

耶稣会士来东方传教时，受葡萄牙人的保护。因为西方人来东方最早的是葡萄牙人，当时这个殖民主义国家最为强盛。宗教是为政治服务的，所以来中国的传教士也就受葡萄牙人的武力保护。

到了康熙年间，法国国王路易十四企图对外扩张，于是就派遣一些教士来中国，做他的殖民主义政治的先遣队。这就是法国传教士到中国来的开始。

后来法国教士宋君荣（1689年—1759年），把邵远平的《续弘简录》前十卷译成法文，于1739年出版。

当时另一个教士冯秉正（1669年—1748年），把《通鉴纲目》《续通鉴纲目》译成法文，全书共十三册，名《中国通史》，1779年出版，其中第九册为元史。

还有一个人不是法国人，但是用法文写了一本书。这就是多桑（1780年—1855年）。他写的《蒙古史》全书共四册，第一册初版于1824年；第二版于1834年—1835年出版。其中讲成吉思汗的一册，讲中国的一册，讲波斯的两册。这本书的中文材料是根据宋君荣的译文节录的。多桑懂得波斯文和阿拉伯文，他能运用回教材料，写蒙古史最适合不过了。这本书实际上是中国材料和波斯文材料的摘录。当《史集》《世界征服者史》（原书都是波斯文）等书没有译成汉文以前，这本书还是有用处的，因此最近中华书局又重印出版一次。

十九世纪末二十世纪初，法国有一个汉学家叫沙畹（1865年—1918年），他翻译了很多东西，也写了很多文章。曾把《史记》的一部分译成法文。把翻译的元朝的圣旨碑汇集起来，发表在《通报》上面。碑文是用汉、蒙古两种文字写的。

在资本主义国家声名最高、影响最大的是伯希和（1878年—1945年）。1900年八国联军侵华时他是参加者。

1908年伯希和跑到敦煌，窃去大量古代的抄本，带到巴黎。他在史料的考证方面有一定的贡献。冯承钧译过他不少东西，编成《西域南海史地考证译丛》。1945年伯希和死后，他的弟子整理他的遗稿，计划出十一种（如译写和翻译的《元朝秘史》《真腊风土记》的法译本等）。现代资本主义国家凡是研究蒙古史的，几乎没有不和他有关系的。他死后，他的学生韩百诗任巴黎大学教授。他曾经与伯希和共同译注《圣武亲征录》，出版的约有元书三分之一。他多多少少继承了伯希和的衣钵。此外还有《元史》《宗室世系表》等译文与注释。

下面谈一谈英国。

英国过去在汉学方面，研究中国少数民族的历史多注重在西藏方面。因为英国殖民主义者为了侵略西藏，派人到西藏各地进行调查、勘察、绘制地图。他们在西藏快解放时才走光。对于蒙古史英国人做的工作很少。

英国人中，比较著名的就是霍渥斯（1842年—1926年），著有《蒙古史》，共三卷，五大册。第一卷出版于1876年，第二卷于1880年，第三卷是1888年。这部书是用英文写的，在中国很著名。过去有人写了一本《元史学》，就是根据这本书的材料写的。霍渥斯是最没有资格研究蒙古史的，因为他不懂东方语言，他的书大部分是抄多桑的，另外还搜集了一些德文和法文的材料，都是间接材料，价值很低，但是过去被只能读英文的人捧得很高。

目前曼诺斯基对回教方面的材料知道得较多。最近他把苏联巴托尔德关于中亚细亚的论文译成英文，名为《中亚细亚历史》，共两册，但是都是巴托尔德几十年前的东西。英国在这方面研究的人不太多。

不过目前有一本书很著名，这就是波义耳用英文翻译的《世界征服者史传》。这是从波斯文译成英文的，先后花了二十多年的时间。他在序言里说：几十个专家帮助他译成了这本书。这本书有了英译本，对于不懂波斯文的人来说很有用处。

总之，直到今天，英国研究西藏的人比较多些，研究蒙古史的人是不多的。

再谈一谈德国。

1833年俄国圣彼得堡皇家学院悬赏征求一部金帐汗史，任何人都可应征，但是要求能采用中文材料、回教材料、古钱币学和一切考古的材料。（外国钱币和中国钱币不同，他们的纸币上印有皇帝的像，还有一些文字，可以根据这些材料排世系、排年月，所以古钱币很有用处。）当时有一个奥地利人汉默耳（1774年—1856年）以德文著作《金帐汗史》应征，于1840年出版。他还著有《伊利汗国史》。在十九世纪末二十世纪初，这本书很出名。因为是用德文写的，当时中国懂德文的人很少，对这本书不大知道。他还把瓦萨甫的《伊利汗史记》

译成德文。

德国人海尼士（1880年—），通晓汉、满、蒙古等几种文字。这个人非常反动，第二次世界大战期间是拥护希特勒的。现在在西德，已经是老人了。他翻译和译写的《元朝秘史》有三册。一本是德文译本，用的是花体字；一本是《元朝秘史》音译本；还有一本《元朝秘史》用字的字典。有一年他到乌兰巴托去，到了科学委员会，找了一本《蒙古源流》，近来影印出版了。这个人的见识不高，做学问很笨。现在有很多德国汉学家都是他的学生。

另外，现在德国施普勒，主编一种手册，名为《东方学手册》。他写有《伊朗的蒙古人》《金帐汗国史》。他对回教的材料掌握得很多，对中国方面的材料知道得很少，价值不高。

还有一个人叫海森，这个人解放前夕才从中国走了。他专门在中国搜集蒙古文的史学和文学著作，如《水晶鉴》等。这些都是当时在北京印的，用蒙古文写的。

最后我们再谈一谈日本的情况。

第一个研究蒙古史的是那珂通世（1851年—1908年）。1900年以前，文廷式去日本时，内藤湖南托他找《元朝秘史》。后来那珂通世从文廷式那里得到了这书，据此学习蒙古文，并且把它译成日文，名《成吉思汗实录》十二卷。他很重视中国对蒙古历史的研究，在日本出版了洪钧的《元史译文证补》、李文田的《圣武亲征录校正》，并且加以重新整理。此外还有论文集，都收集在《那珂通世遗书》中。

在明治维新以前，日本主要是学习中国，明治维新以后，主要学习欧洲。第一个完全走西方汉学家道路的是白鸟库吉（1865年—1942年）。

白鸟库吉原来在德国留学。1904年日俄战争，俄国失败后，把中东铁路南段划给日本，日本就以南满铁路为据点来侵略东北和蒙古。为了便于进行侵略，就需要调查东北和蒙古的经济、地理和人口。于是日本帝国主义找了一批御用学者来进行调查，白鸟库吉是领导东北史地调查工作的。白鸟库吉晚年用拉丁字母译写《元朝秘史》，称为《音译蒙文元朝秘史》。他的学生很多。“东洋文库”就是他主持的。现在美国每年专门资助“东洋文库”大量美元替他们进行工作。“东洋文库”过去是专门研究中国古代史的，现在研究中国目前的情况。

箭内亘（1875年—1926年）在日本以研究蒙古史著称。他死后，其门人纂辑了他写的论文编成《蒙古史研究》一大厚册。这本书在中国影响很大，解放前就已经全部译成汉文了。这本书出来以后，对于一般学习蒙古史的人来说非常方便。

其次就是羽田亨（1882年—1958年），他主要是研究中亚细亚史，写有《西域文明史概论》。（“敦煌学”这个名词，是一个带有殖民地意味的名字，是帝国主义分子把中国的文物盗窃出国后，为研究这些东西而创造出的名词。）羽田亨在晚年编了两本书：一本是从《明实录》中抄出有关蒙古、满洲的史料，称《明实录钞》，蒙古篇九册，满洲篇六册，最后还有一册索引，共十六册；另一本是朝鲜《李朝实录钞》。孟森（孟心史）的《明元清系通纪》就是根据《李朝实录》和其他材料写成的。如果要研究明清关于东北的情况，这是一部重要材料。其中有关蒙古和东北的材料，也印出来了。

最近死去的和田清（1890年—1963年），是“东洋文库”研究所的所长，专门研究明朝蒙古。明朝蒙古是冷门中的冷门，他写了很多文章。日本为他出了一本纪念册。他的文章大体都收入他的《东亚史研究》中。

再次小林高四郎，现任横滨大学教授。解放前他在中国居住时，找了蒙古人学习蒙古文，搜集了很多材料，专门研究《元朝秘史》，出了一本《元朝秘史研究》。

此外还有一个岩村忍，是京都大学教授，京都大学人文科学研究所的所长。曾经去阿富汗做过考古发掘工作。在人文科学研究所里设有汉简班、元典章班。他主持元典章班。京都大学最近把《元史语汇集成》也出版了。

以上这些人从白鸟库吉以来，完全走的是西方汉学家的道路。从语言、史料着手，做一些考证工作。

上面我们大体介绍了一下苏联和资本主义国家研究蒙古史的情况。我们知道，蒙古史的研究，是一门带有世界性的学问，许多国家都在研究它。那么我们研究蒙古史的水平如何呢？我看，不怕不识货，只怕货比货，在世界上来比较，我们是有一定水平的。研究蒙古史不能关起门来搞，必须要看一看世界上各国的研究水平。

今后我们如何研究蒙古史呢？在这里，我个人提出以下几点意见。

有个领导人在前年去南京大学时，曾经说过这样几句话，在我的印象中非常深刻。他说，我们是一个大国，现在别人瞧不起我们，说我们的国家不如人家。我们一定要拼命赶上，人家会的我们要会，人家不会的我们也一定要会。我看研究元朝的历史也应该如此。

资本主义国家的资产阶级史学家在语言文字上造诣较高，我们今天也一定要赶上。研究蒙古历史，语言文字是一种障碍，有些译名不好记，就是因为我们对语言文字掌握不好，一看就头痛。资产阶级史学家研究阿尔泰语系的语言，特别是研究蒙古语言和突厥语的关系，逐步解决了一些问题。所以我们在语言文字方面一定要下功夫。另外，关于蒙古史的材料，东方文字和西方文字都有不少记载，这些东西我们都要下一些功夫掌握，至少要学习一两种东方文字来弥补我们在语言文字上的缺陷。这些史料如果我们自己都能掌握，就不会使人家觉得我们落后了一步。

其次，我们研究历史要从史料中得出结论来，不是先有结论，然后找符合我们的意见的材料，用来证明我们的意见。千万不可用个别史料来为自己的主观意图服务，现在有些人就是这样工作的。资本主义国家也是如此。在抗日战争时期，日本的汉学家研究些什么呢？他们研究辽朝的契丹人如何统治汉族，女真人又如何统治汉族。他们的结论是为当时的日本帝国主义服务的。还有一种民族沙文主义者，说清朝时蒙古人受不了压迫都向俄国跑，在那里得到了温暖，好像帝俄是天堂。

再次是要用阶级观点，要用唯物史观看问题。我们首先是历史唯物主义者，当时的情况是怎样就是怎样，不能拿今天的思想来要求古人。这样要求是不可能的。我们常常议论古人如何如何，我们学习历史的人都是事后诸葛亮。如果我们生在当时，受到当时历史条件的限制，也可能是那样做的。所以我们一定要把那个时代所发生的情况用历史唯物主义来估价。过去有一个口号是“一论、二史、三工具”，现在看来还是这样。历史发展的趋向是怎样，这些事件在当时产生什么作用，这样来研究历史，慢慢地对历史上的成就也就看得愈来愈清楚。我们学习蒙古史，往往说蒙古人屠杀了很多人。但是进行屠杀的是蒙古的统治阶级，被统治阶级的蒙古人也是被驱使被压迫的，他们甚至被迫卖儿卖女给别人充当奴隶，他们也是被压迫阶级。从阶级观点来看问题就不会有民族偏见了。其次是要掌握史料。但是史料也要有分析，特别是内在的分析。再次就是要花很大功夫来掌握语言文字这一工具。

（二）研究元史要读一些什么汉文书？

研究蒙古历史第一部应该读的是《元朝秘史》。蒙古文《元朝秘史》现在有三种本子：一种是叶德辉刊本；一种是《四部丛刊》三编本，这书明朝初年有刻的，现在北京图书馆保存有原刊本几十页；还有一种是苏联莫斯科东方文献出版社的影印本，有李文田的注释。

其次是《元史》，我们已经谈过了，这里就不说了。

再其次就是《圣武亲征录》，有李文田的校正，王国维的校注。收集在《王静安先生遗书》中的是一个比较好的本子。

另外就是《国朝名臣事略》，苏天爵编。其中包括有四十七个人的传记。第一个是木华黎，最后一个是刘因。前四卷都是蒙古人和色目人，后面都是汉人，没有南人。因为收集的都是元朝初期的人物，即大蒙古国时代的人物，后来的人都没有收集进去。《元史》列传就是按照这种体裁编的，《元史》列传的前三十二卷都是蒙古人和色目人，后面都是汉人和南人。它的编法是某人死了后，把他的行状或神道碑等材料加以剪裁，按照时代排列。《元史》中这四十七人的传某一段从哪里来，都可以根据它找出来。此书有元刊本，流行较少。《四库全书》本把人名地名都改了，一改就不知道写的是谁了。最近中华书局把元刊本重新影印出来了。

《高丽史》是明初叶朝鲜人郑麟趾编的。写于李成桂推翻高丽王以后。因为朝鲜当时名义上是中国的属邦，他们的君主只有王，所以书中的“纪”只称“世家”，不称“本纪”。1957年—1958年朝鲜把它影印出来了，共三册。研究辽、金、元史时，这是一本必读书，有些材料对我们很有用处。

《庚申外史》，明朝权衡著。庚申是元顺帝的生年。书中谈元末农民起义事迹较多。

另外一本研究元末农民起义的必读书，即《国朝群雄事略》，清初钱谦益著。没有收进《四库全书》。钱谦益原在明朝做官，后来降清，又做了清朝的官。书中记载着和朱元璋争天下的刘福通、韩林儿等人的事迹。这本书对我们编资料很有用处，所摘录的资料一律注明出处。有些材料在今天已经不易见了，但是在这本书里被保存下来了。

《北巡私记》，刘佶著。记载元顺帝于1368年逃出了北京，先到了上都，后来又到了应昌。这本书只有几千字。

《辍耕录》，陶宗仪著。这本书是元朝笔记中较好的一本，并且有很多较重要的材料。最近中华书局又重印出版。

还有是关于中西交通史方面的材料，一本是《长春真人西游记》，李志常撰。记载长春真人到兴都库什思汗去回所见的沿途情况。

《西游录》是耶律楚材著的。耶律楚材是契丹人。《西游录》分为两部分：前半段是写耶律楚材去西域的沿途情况；后半段是骂邱处机的。1926年以前知道的就只有前半部（盛如梓的《老学丛谈》中有《西游录》节录）。直到1926年日本神田信畅才发现了全书。

《蒙鞑备录》《黑鞑事略》是南宋遣人出使蒙古议定联合攻金时，使臣调查蒙古的材料。前书为赵珙所著，是他参加使团去蒙古回来的调查报告；后书是彭大雅、徐霆所著。在这两本书里，记载了蒙古人的衣、食、住、政治、军事等方面的情况。这两本书对研究蒙古初期的社会经济情况非常重要。

《真腊风土记》是周达观出使柬埔寨的记载。《岛夷志略》是汪大渊游东南亚的所见所闻。这本书有两种注：一种是沈曾植注，载《古学汇刊》；一种是藤田丰八注，载于罗振玉的《雪堂丛书》中。

此外，还有元朝人的文集，约近二百种。在这些文集里保存了一些神道碑墓志铭。这些文集中比较著名的如金末元初元好问的《元遗山集》、耶律楚材的《湛然居士集》，忽必烈时代有郝经的《陵川集》、王恽的《秋涧先生大全文集》，再稍晚一点的有刘敏中的《中庵集》、虞集的《道园学古录》和苏天爵的《滋溪文稿》等等。

（三）蒙古社会性质问题

在谈社会性质问题以前先谈一谈蒙古族的起源问题。关于蒙古族的起源问题，有的说起源于突厥，有的说起源于匈奴，有的说出于吐蕃。有种种说法。

在谈这个问题以前，我们不妨先看一看我国古代北方阿尔泰语系中有哪些民族，这些民族分支的情况。

通古斯语族中有：肃慎、挹娄、勿吉、靺鞨、渤海、女真、满洲。

蒙古语族中有：蒙古、鞑靼、瓦剌、准噶尔。

突厥语族中有：坚昆、丁零、高车、哌哒、铁勒、突厥、回纥、黠戛斯（吉尔吉斯）、沙陀、汪古。

还有一些现在还不能完全肯定属哪个语系的：匈奴、大月氏、东胡、鲜卑、柔然、室韦、契丹、奚。

古代民族在蒙古高原，由于时代不同，名称也不一样。蒙古兴起以前，名称很多。北方民族在殷周时代有各种名称，到战国时称匈奴。南匈奴后来并入鲜卑。柔然兴起后又被突厥消灭。后来回纥、黠戛斯相继称雄漠北。契丹、女真建国中国北方。所以在蒙古地区居住的民族在历史上非常复杂。

上面三大系的分布地区大致是：通古斯族在东北；蒙古族在额尔古纳河一带；突厥族在西北地区。

蒙古东部是室韦、契丹、奚，在今东北。肃慎、勿吉、靺鞨是北方民族。蒙古在古代不知道叫什么，明朝称鞑靼，清朝称瓦剌，这是属于蒙古语系。满洲属通古斯语系。

蒙古、突厥、通古斯三者的关系是兄弟关系，它们共同从一个母语来的。但是，有人说这三个语系是母子关系，不是兄弟关系。就是说蒙古族出于突厥。那么在语言学上就讲不通，就等于说法语来源于西班牙语，或者说西班牙语来源于意大利语，这是不妥当的。所以我们说“蒙古族出于突厥”的说法是不能成立的。

另一种说法是“蒙古族出于室韦”。室韦原来分布在呼伦贝尔地区以东。说“蒙古族出于室韦”是对的，更确切地说，是出于蒙兀室韦，但不是室韦的全部。可是这也不解决问题，因为它实际上还没有说出它的族源。

第三种说法是出于吐蕃。无畏空写了一本《蒙古宗教史》，在青海出版的，就有这种说法。这种说法是从《蒙古源流》来的。《蒙古源流》的作者是一个喇嘛，于是就和西藏拉关系，说蒙古最早的首领源于吐蕃。是近人的附会之说。

第四种说法是出于东胡。东胡属什么民族？有什么根据说出自东胡？从语言学上讲，蒙古语我们很清楚，东胡语和匈奴语如何？有何共同之处？这些问题都弄不清楚。这种说法也是没有根据的。

第五种说法是出于匈奴。这种说法问题就大了。匈奴是两汉时期北方一个相当强大的民族。在东汉末年，匈奴人和汉族老百姓一样，给汉族地主当佃户。成吉思汗建国是在十三世纪初，从匈奴灭亡到成吉思汗建国，其中又经了鲜卑、柔然、黠戛斯、鞑靼等，在这一千多年的时间里，要想把它们挂上钩是不容易的。并且谁也不知道匈奴语是怎样，是不是阿尔泰语系？如果是，那么是蒙古语、突厥语，还是通古斯语？目前还没法解决。

蒙古族的演变，在成吉思汗以后我们清清楚楚，在此以前我们就难以推测了。推论和设想不可太远，宗教家的附会之说，难以置信。成吉思汗以后的蒙古族，起源于额尔古纳河流域是肯定的。至于它的先世究竟如何与古代挂钩，在考古学和语言学资料贫乏的今天是难以解决的。

蒙古族的世系传说不外乎根据以下几种材料：第一是《元史·宗室世系表》；第二是《元朝秘史》；第三是拉施特的《史集》。但是在合不勒罕以前的世系，以上诸书的说法各不相同，而且谁又能断定十三世纪的传说材料是完全可靠的呢？

有人说，根据《元朝秘史》，蒙古族最早的祖先是苍狼和白鹿，后来生下了儿子名巴塔赤罕，以后一代一代到了成吉思汗。但是，蒙古族到了1204年成吉思汗时代才开始有文字，在此以前根本没有文字。一个没有文字的民族能够把自己的祖先往上推到几十代，这是难以想象的。我们能不能叫任何一个记性好的老人说清楚他几十代以前的老祖宗呢？可能有人说，有些少数民族是可以记忆自己许多代的老祖宗的，譬如彝族，他们可以背出几十代祖先。我们知道他们有一种特殊办法。比如南诏国王世系就很好记，我也可以背出，如：细奴逻、逻盛炎、盛炎皮、皮逻阁、阁逻凤，阁逻凤的儿子叫异牟寻，下面是寻阁劝、劝龙晟……他们父子联名，很好记。如果不是这样，几十代祖先就不好记。但是蒙古族的传说就不是这样。根据成吉思汗以前祖先传说，一代一代往上推三百多年，作为研究历史的材料，是靠不住的。

总而言之，关于蒙古先世的传说，我们可以这样讲：最早是和突厥人在一起，文化水平比突厥低，它就采用突厥人的传说；后来和西域人接触，又采用回教先世的传说；后来又信奉喇嘛教，又采用了西藏人的一些神话故事。把这些都扣在自己的头上，作为自己的祖先传说。这样看来，这个民族和多方面都有联系，但是这些关系都不能在研究民族来源的问题上作为挂钩的确实材料。

下面我们谈一谈十二世纪蒙古的社会性质问题。

一种说法是蒙古无奴隶社会。前几年我也同意苏联的这种说法。同时还认为蒙古族也没有经过资本主义社会，是由封建社会飞跃进入社会主义社会的。可是为什么蒙古族老是往前跳，从原始社会一下跳到封建社会，又从封建社会一下跳到社会主义社会呢？

这里提出一个问题，就是有些人想用元朝买卖奴隶和大量掠夺奴隶来证明蒙古是处在奴隶社会阶段。而且说在两宋时期，农民的人身依附关系比较松，到了元朝，人身依附关系又加强了。

今天在帝国主义的“文明世界”，还有人口买卖的事实。用这样事实来说明今日帝国主义国家还处在奴隶社会阶段，这是谁也不会承认的。那么用元朝买卖奴隶来说明蒙古处在奴隶社会阶段，岂不也是难以令人信服吗？至于说元朝人身依附关系比两宋时代加强了，我们找不到有力的证据。

蒙古族是不是经过了不发达的奴隶制？它有奴隶，但是，是家内奴隶。这种说法倒有些合乎情理，但是这方面材料不多。我们研究蒙古社会性质，只能够拿《元朝秘史》和拉施特的《史集》作基本材料。根据《元朝秘史》来看，当时的奴隶究竟从事什么劳动？打了一次仗，俘虏来的人，男人杀了，女人该做奴仆的做了奴仆，该做妻子的做了妻子。有人说：俘虏了敌人以后，做茶饭的有了，使唤的有了，有的是用于看门、喂马、剪羊毛、挤牛奶。大批奴隶都做佣人，他们大体上都是家庭奴隶。牧羊用不了多少奴隶，一个人骑上马就可以放牧大批羊群。佣人多了对牧主不利，那么剩下来的人究竟怎么办呢？这个问题我谈一下个人意见。据波斯文《史集》，蒙古初期有一种“老奴隶”。所谓“老奴隶”，不是说这个奴隶的年岁很大，而是说这个奴隶的祖先就是奴隶。老奴隶和主人是同伴关系，而不是主奴关系。游牧民族打垮了另一个民族，占领了他们的土地，或者是把它完全杀光，或者是留下。留下的就作为老奴隶，不解散他们的部落组织，整个部落作为征服部落的奴隶，就像汉朝的“属部”，是这一集团世世代代的奴隶，是整个部落的奴隶，而不是某个人的奴隶。在蒙古亦是如此。如札剌亦儿部（即木华黎所属的部落）被蒙古人打败了，就成为蒙古族的属部。在其他部落里，也可以看到同样的情况。例如在匈奴的历史中，记载着匈奴人俘虏了大批汉人，但不是把他们分给某个人做奴隶，而是把大批汉人集中在漠北某一河边种田，使他们从事农业生产。根据《汉书》的记载，他们在内地的子弟能够知道他们在漠北的消息，当他们的子弟在内地无法生存时，还跑到匈奴那边去寻找他们的亲人。尤其是契丹人更为显著，他们俘虏了很多汉人，并且设立了州、县，命令俘虏来的汉人在那里种田。时间久了，由于交往的关系，属部的语言、风俗、习惯就采用了统治阶级集团的语言、风俗、习惯，于是变成了这个民族的成员，成为他们的一部分，这个民族也就扩大起来了。能不能这样来解释游牧民族和被他们征服民族的关系呢？把被征服民族作为属部，那么老奴隶就不是个人的奴隶，而是这整个部落的统治集团的奴隶。我们研究历史不能简单化，各个民族有自己的特殊情况，要根据各个民族的特殊性来看问题。马克思列宁主义把人类社会分为五个阶段，这是没有问题的，但是每一个民族、每一个地区有它自己的特点。奴隶社会、封建社会都有自己的特殊情况，那就要根据这些特殊情况、根据材料提出自己的结论，拿别的地方的结论在我们这里硬套是不行的。我认为用这种游牧民族的奴隶的情况来解释蒙古社会性质问题比较妥当。

成吉思汗

一、蒙古高原上的争斗

1162年，蒙古部的一个首领也速该拔都鲁（拔都鲁意为“勇士”）攻打塔塔儿部获胜，回到斡难河畔的老营。恰巧这时，他的长妻诃额仑生下了第一个儿子。这个婴孩的手中紧紧捏着一团凝血块，据说这预示着他将来不平凡的命运。因为也速该在这次战争中俘虏了塔塔儿人的首领铁木真兀格，于是就给这个新生儿取名为铁木真。他就是后来名震世界的成吉思汗。

一说起诞生了成吉思汗的蒙古高原，人们就习惯于根据“风吹草低见牛羊”的古老民歌去想象它的风光。实际上，即使对游牧生活来说，蒙古高原也不是处处适合的。这里布满了大大小小的沙碛、沼泽，以及到处裸露着黑色石头的大片荒原和光秃秃的石山，还有许多流沙地带，一阵阵的强风将沙子刮得像云雾般地弥漫在空中，把一堆一堆的沙丘从这儿搬到那儿。只是在有水源的地方，才能生长繁茂的水草。漠北的居民就在这些水草地上放牧牲畜，一个地方的牧草食用完了，他们又转移到另一处地方。这就是所谓“逐水草而居”的游牧生活。

成吉思汗出生时，蒙古高原上分布着几个强大的游牧部落。各部贵族为了抢夺财产和奴隶，相互间展开了长期的、激烈的争战。

分布在斡难河上游和肯特山一带的，就是蒙古部。他们来到这里游牧，已有三四百年的历史了。在十四世纪的波斯蒙古王朝（即伊利汗国）著名的历史著作《史集》里记载，蒙古人的祖先是遭到灭族之祸的二男二女。他们逃入一个名叫额尔古涅的险谷隘地，在那里繁衍生息，经过许多世代，人口逐渐增多。唐朝的史书把他们称为“蒙兀室韦”，当时他们居住在今额尔古纳河之东的兴安岭中。室韦人可能是更古老的鲜卑人的后裔。经过几个世纪的争战迁徙，到九世纪中叶以后，原来是突厥语族居住的漠北草原，大部分地区都为蒙古语族各部落所据有了。被认为是蒙古族先祖的蒙兀室韦大约也是在这时迁徙到了斡难河上游。后来的汉文史籍中，把他们的名称写作“萌古”、“盲骨子”或“蒙古”。十一世纪，蒙古部开始强盛起来。大约在十二世纪初，合不勒罕（成吉思汗的曾祖父）统一了全蒙古部众，成为漠北很强大的一支势力。到成吉思汗年轻时，蒙古部发展成许多氏族或部落。自然，直到这时候，“蒙古”这个名称所指的，还只是漠北诸部中的一个部族而已。只有到了成吉思汗征服各部、统一漠北以后，它才成为漠北蒙古语族各部乃至一部分突厥语族部落的统称。漠北草原也被人们称为蒙古草原。

活动在蒙古东面的一个大部落是塔塔儿部。它据有呼伦贝尔周围最富饶的草原。塔塔儿曾是古代室韦人中最强大的一部，因此有人把他们的部名当成了所有室韦人的总称，叫作“三十姓达怛”。后来东、西方史籍把漠北各部落（包括蒙古部在内）泛称为“达怛”（或写作“鞑靼”），就是由此而来的。十二世纪时，塔塔儿分为六部，各有首领，人数共达七万家。

塔塔儿的东北，海拉尔河和额尔古纳河一带，居住着翁吉剌部。他们有五个分支部落，势力都不很大。他们很早就和蒙古部结为亲家，蒙古话叫“忽答”。一直到元朝，这两家还互为姻亲。

当时的另一个大部落是蔑儿乞部，位于蒙古部的西北面，居住在肯特山以北，鄂尔浑河和色楞格河下游。蔑儿乞有四个分部，人数众多，勇悍善战，周围的部落都害怕他们。

当时漠北草原上势力最强的是克烈部。他们占据了草原腹心地带——土拉河、鄂尔浑河上游和杭爱山地区。这里是历代漠北统治者的政治、军事中心所在。克烈人有很多分支，但很早就已统一在一个大首领的管辖下。据说在十一世纪初，克烈首领和所属百姓二十万人改信了景教（基督教的一派，因系聂斯脱里的首创，所以又称聂斯脱里教派）。后来，辽朝曾封之为“大王”“达怛诸部长”。首领的位子是世袭的，牙帐就设在回鹘故都窝鲁朵城，并按照游牧民族的传统，将子弟分封在东、西两面。

自杭爱山以西至阿尔泰山麓，是另一个强部——乃蛮部的地盘。乃蛮属于突厥语族，可能是黠戛斯（吉尔吉斯）部一支，在九世纪后期从叶尼塞河南迁到蒙古高原西部。他们也有一个世袭的大首领，统治着所有乃蛮百姓，并设置了掌管军队和行政事务的文武官职。

从十一到十二世纪，漠北各部的社会经济和武装力量有很大发展。这一方面是由于室韦（达怛）各部西迁后，获得了广阔的良好牧场，为游牧畜牧业的发展提供了有利条件；另一方面，辽、金两朝相继统治漠北各部，客观上加强了他们和中原地区的联系，促进了社会的发展。当时，中原地区的铁器输入漠北，无疑对游牧部落的经济和武力的增长起了重大作用；而辽、金王朝对各部首领的扶植和利用，又使得游牧贵族的权力大大上升了。根据史料的记载，这个时期蒙古部的政治、经济情况大致是这样的：

由于游牧畜牧业的发展，牲畜和其他财产早已为个体家庭（阿寅勒）所私有，父母的财产由子女继承。在私有制基础上，富裕家庭的财富日益增加，他们被称为“伯颜”（富人）。这些富豪很容易控制和奴役贫穷的牧民，当上部落首领。他们通过掠夺战争，获得了更多的财产和奴隶，同时，首领的地位也更加巩固，只能由他们的家族来担任，再加上得到辽、金王朝的封官授职，于是就成了贵族，被称为“那颜”。那颜们有各种尊贵称号，如拔都鲁（勇士）、蔑儿干（善射者）、必勒格（智者）、薛禅（贤者）、太石（汉语“太子”）等，最高首领则称为罕（大王）。部落内的普通百姓成了他们的属民（哈剌抽），被掠夺来的战俘或卖身的穷人成了他们的奴隶（孛斡勒）。部落首领可以把自己所属百姓分配给长大的儿子们去管辖，这样，每一家那颜都拥有一批属民家庭，组成为“一圈子”。属民有自己的个体家庭经济，但要负担主人分配的任务，主要是充当战士，跟随主人出征。奴隶在主人家里服役，做放牧牲畜、挤奶子、剪羊毛、备鞍子、看门子等劳动，称为“门户内的奴隶”。当时所流行的奴隶对主人的誓词说，若离了主人的门户，就将他们的“脚筋挑了，心肝割了”“性命断了”。

社会既然划分成阶级，居于统治地位的贵族就需要建立压迫的工具。于是，各部首领就组织了“护卫军”——从属于自己的武装力量。

关于蒙古人的祖先，从成吉思汗的十世祖孛端察儿以后才有逐渐详细的事迹。据说孛端察儿和他的兄弟们共同征服了一个叫兀良合部的氏族，把他们掳为奴隶。到八世祖蔑年土敦时，这个家族的财产大大增加，拥有的牲畜多到不可胜数。六世祖海都又征服了札剌亦儿部，占有的奴隶就更多了。海都的次子察剌孩有“令稳”（辽朝封的小部族官）的官号，察剌孩的长子官封“详稳”（辽朝的大部族官），这个家族从此一直是蒙古部最有势力的贵族，称为泰赤乌氏。海都的长子早死，长孙屯必乃薛禅成为另一支分部的首领，屯必乃的长子就是被推举为大首领、管辖全蒙古百姓的合不勒罕，这一支贵族称为乞颜氏。蒙古部的统治权一直掌握在泰赤乌和乞颜两家贵族手中，其他蒙古部众都成了他们的属民。

游牧贵族的权力主要来源于对外掠夺战争。因此，随着贵族势力的增长，各部之间的相互争战就越来越频繁、激烈了。克烈部和塔塔儿部之间在十一世纪末到十二世纪上半叶几十年中，大规模的战争就打了五次。克烈和乃蛮之间由于境界相邻，也经常彼此攻掠。蒙古部和塔塔儿部更是“世仇”。合不勒曾帮助翁吉剌人攻打塔塔儿，掳其首领。后来，俺巴孩继合不勒担任蒙古部首领。当他送自己的女儿去塔塔儿部成亲时，被塔塔儿人抓起来献给金朝，最后被金朝按惩治叛部的刑法，钉在木驴上处死了。俺巴孩临死时对部下说：“你（回去）对合不勒罕七个儿子中间的忽图剌跟前，并我的十个儿子内的合答安太子跟前说：我是众百姓的主人，为亲送女儿成亲，被人拿了。今后以我为戒，你们（即使）将五个指甲磨尽，（即使）坏了十个指头，也要与我们报仇！”俺巴孩的继承者忽图剌罕和塔塔儿打了十三次仗。这些战争虽是在“血族复仇”的名义下进行的，实际上却都具有明显的掠夺性质。蒙古部和蔑儿乞人也互为仇敌，多次发生战事。

不仅部与部之间争战不休，就是同一个部内的各支贵族之间，为了争夺统治权，也相互倾轧、残杀。像克烈部的首领王罕和他的叔叔、兄弟，乃蛮部的太阳罕和他的弟弟，都处在势不两立的矛盾之中。蒙古部从忽图剌罕死后，泰赤乌和乞颜两家贵族也发生了分裂。《元朝秘史》书中描写当时的情况说：

有星的天，
旋转着。

众百姓反了，
不进自己的卧内，
互相抢掠财物。
有草皮的地，
翻转着。
全部百姓反了，
不卧自己被儿里，
互相攻打。

这就是那个时代的情景。这种情景的出现，不仅是蒙古各部奴隶主互相残杀造成的，也是金朝残暴统治的结果。金朝统治者为了防止它的属部——蒙古各部的强大和侵扰内地，采取了挑拨蒙古各部关系、使它们互相残杀的办法，使蒙古各部之间本来就存在的血族复仇战争，连续不断地打下去。金世宗大定年间，金朝统治者还派兵剿杀蒙古人，称为“减丁”，金兵大肆掳掠蒙古人民，把掳掠来的蒙古孩童卖给山东、河北的地主和官僚，还禁止内地的物资，特别是铁器运到蒙古。因此，蒙古各部人民对金朝统治者恨入骨髓。

长期的动乱也使蒙古各部人民失去了相对安定的生产和生活条件。他们强烈希望结束这种互相残杀的无休止的战争，渴望解除女真贵族的民族压迫，要求出现一个各部统一的局面。强有力的贵族也在利用这种局面，竭力争夺别部的百姓，扩大自己的力量，进一步夺取天下，成为众汗之汗。正是这样的历史条件，把“一代天骄”成吉思汗推上了完成统一大业的地位。

二、漠北的统一

在逆境中壮大

铁木真九岁时，他的父亲也速该带他到翁吉剌部去求亲。按照蒙古人古老的习俗，定亲后就把铁木真留在岳父特薛禅家里。也速该在回本部的路上，经过塔塔儿人的营盘。塔塔儿人认出他是他们的仇敌，将毒药下在酒里给他喝。一回到家，也速该就毒发而死，临死前留下遗言，让铁木真回归本部来。

也速该在和塔塔儿、蔑儿乞人的战争中战功最著，被推为乞颜氏的首领，拥有一支强大的力量。泰赤乌氏贵族本来就忌恨他的势力，觊觎他的部众。因此，也速该一死，他们不但不为他复仇，反而乘机夺走了他的部众。很多乞颜贵族也撇下铁木真母子，改投到泰赤乌麾下。一个名叫察剌合的老人出来劝阻。这些乞颜贵族们回答："深水干了，明石碎了。"他们认为乞颜部再也不可能复振，所以朝苦苦规劝他们的察剌合老人背上刺了一枪，跃马挥鞭，扬长而去。铁木真的母亲听说此事，急忙提枪上马追将前去，结果也只是邀回了少数人。少年铁木真的家族，一时陷入了困境。他的母亲带领着铁木真兄弟和妹妹，以及少数忠实的部众，居住在斡难河上游肯特山旁，“拾着果子，撅着草根”，过着艰苦的生活。

铁木真渐渐长大了。失散的部众，有一部分又重新收集起来。泰赤乌氏贵族塔儿忽台等预感到让铁木真像鸟儿那样养丰了羽毛，就会变得难以控制，所以率领着护卫军来攻打他们。

铁木真兄弟们躲在险要处与泰赤乌对峙。泰赤乌人大声吆喝：“只将你哥哥铁木真（捉）来，其余的人，我不要！”铁木真一听，翻身上马窜进密林之中。泰赤乌人围住密林，捉获了他，并在他的脖子上套上了枷板。他的两个拳头被锁固在枷板的两侧。但是不久，他还是伺机脱逃了。泰赤乌人乘着明亮的月光追踪而来。铁木真跳进斡难河的一条小河道里，将全身浸没在水中，只有鼻子露在水面上。

泰赤乌人在河边的树林里仔细寻找铁木真。一个叫作锁儿罕失剌的人一眼瞥见了躺在水中的铁木真，对他说：“正为你这般有见识了，所以上泰赤乌兄弟们妒害你。你谨慎只那般卧着，我不告你。”泰赤乌人搜了一遍，没有找到，再回过头来重搜。锁儿罕失剌对族人说："你们白日里失了人，如今黑夜里如何寻得？再回原行的路上去，将不曾见处仔细排寻了散着，明日再聚着寻。这带枷的人（能往）哪里去？"随后他又走到铁木真躲藏处，悄悄地说："我们只这一遍排寻回去了，明日再来寻。如今我们散了后，你自寻你母亲兄弟去。若见人时，休说我见你来。"

铁木真身带枷锁，既无马匹，也无粮食。他左思右想，无法跨越荒漠去找自己的部众。因此趁黑夜又找到锁儿罕失剌的帐中，在锁儿罕失剌的帮助下又一次躲过了泰赤乌部人的搜捕，并骑着马匹，带着口粮弓箭回到了本部。为了酬谢锁儿罕失剌在他患难时候所给予的帮助，他称汗以后，封锁儿罕失剌及其后人为"答剌罕"，给予自在下营、免征差发、九次犯罪不罚等特权。

铁木真与母亲和诸弟们会合不久，又遭到泰赤乌游骑的攻掠，将他们在上次洗劫中剩留的马匹赶走了。日落以后，铁木真上马去追击敌人。一连追了三天，人和马都疲惫不堪。这时他遇到一个与他年龄相仿的青年，便向他打听赶着那群被盗走的马匹的泰赤乌骑兵。这个青年一听他就是也速该的儿子、只身从泰赤乌人那儿逃出来的铁木真，立即从自己的马群里选出两匹骏马，与铁木真一起出发去追击敌人。他们终于夺回了失马，并击退尾随而来的泰赤乌人。奇迹般的冒险经历进一步加深了两人之间的友情。这个青年人决定离开自己的家，跟随铁木真，做他的“那可儿”（“伴当”，即伙伴、战友）。他就是铁木真的第一个伴当博尔术。以后，铁木真结聚了越来越多的伴当。伴当关系是依靠建立在个人效忠基础上的誓约来维系的，与部族血缘关系不一样。铁木真在统一漠北的过程中，就是以“那可儿”的力量为中坚，战胜了草原旧贵族的联盟。

铁木真的势力在与逆境搏斗中逐渐增大。这时候，他把留在翁吉剌部的孛儿帖作为夫人，正式接回到自己的驻地。铁木真认识到，要抵抗泰赤乌氏贵族的压迫，重振旧家业，必须寻求一个更强大的势力做庇护。于是他来到土剌河黑林（今蒙古乌兰巴托南）地方，向他父亲的“安答”（义兄弟）——克烈部首领王罕贡献贵重礼品，尊奉王罕为父。

可是，羽毛未丰的铁木真，又遭到三姓蔑儿乞人的袭击。他闻讯便仓促上马撤退。孛儿帖夫人因没有找到坐骑，被蔑儿乞人俘虏了。铁木真在王罕和札只剌氏贵族札木合援助下，打败了蔑儿乞部首领脱脱，夺回了妻子和被掠家人，杀了许多仇敌，并将他们的妇孺掳为奴婢。就在这次动乱后，孛儿帖生下了长子朮赤。所以，朮赤的血统后来一直受到怀疑。

经过这次战争，铁木真的力量更快地壮大起来。一两年后，他便摆脱对札木合的依附，从斡难河中游的札木合营地迁到克鲁伦河上游的桑沽儿小河（臣赫尔河），独立建营。许多蒙古部众被吸引到他的一边。

这时，一些原来有名望的乞颜氏贵族也向铁木真靠拢。他们是：合不勒罕的长支主儿乞氏的撒察别乞、泰出，忽图刺罕之子拙赤和阿勒坛，也速该之弟答里台斡赤斤，捏坤太石之子忽察儿等人。

这样，在铁木真周围就聚集了两种人：一种是出身于一般氏族的平民或地位低微的奴隶，他们成为铁木真直接管辖的部属，结成主人和那可儿的关系；另一种是游离的旧贵族，他们也具有和铁木真同样高贵的身份，并有自己的属民，只是力量不大，想借助铁木真的势力，在掠夺战争中获得更多的财富。在当时，只有这些贵族才有推举领袖的资格。经过协商，他们推举铁木真为首领，并表示服从他的领导，于是结成了乞颜氏的贵族联盟。时间大约是1189年，铁木真二十八岁。

这次联盟的组成，和合不勒罕时代以来的蒙古部贵族联盟没有什么本质上的不同。参加联盟的各支贵族都拥有独立的地位，只有靠盟誓联结在一起。但是，随着争夺草原统治权的斗争日益激烈，这种旧式贵族联盟便暴露出它的弱点：各谋自家利益的贵族，极易分裂，并且相互争吵，难于形成一个统一的强大势力。历经忧患的铁木真意识到这一点，因此，一经贵族会议推举为首领，就立即建立起一套巩固自己统治地位的制度。他任命最早追随他的亲信那可儿博尔术和哲勒蔑为那可儿之长，并分设了带弓箭的、管饮膳的、掌管牧羊只的、管修造车辆的、管家内人口的、带刀的、掌驭马的、管牧养马群的、负责远哨近哨的和守卫宫帐的等十种职务。担任这些职务的人员，除其弟外，几乎全是出身于奴隶或属民。他们不像旧贵族那样拥有显贵的族望和属民，全凭铁木真“用人肉养着，用铁索拴着”，随时可以纵放出去搏噬猎物。通过这套制度，铁木真组成了一支以那可儿为核心的精悍队伍，作为自己力量的基础。

当时，新建立的以铁木真为首领的乞颜氏兀鲁思，只控制着克鲁伦河上游一带不大的地盘，部众也不很多。铁木真知道，要在激烈的纷争中巩固自己的权力，还必须继续依靠强大的克烈部首领的支持。就任可汗后，他立即派使臣向王罕报告此事，得到了王罕的允准。

十三翼之战

札木合和泰赤乌氏贵族自然不能容忍出现一个新的强大势力，来与他们争夺蒙古部众。他们时刻都在伺机要扑灭铁木真这个可怕的对手。以札木合部人劫掠铁木真的马群而被射死为导火线，蒙古部贵族之间的一场战争爆发了。这就是铁木真统一漠北诸部过程中最著名的战争之一——十三翼之战。

札木合联合泰赤乌等部，起兵三万来进攻铁木真。铁木真得到札木合部下亦乞列思人孛秃的报告，也将自己的部众和各家贵族的兵力，组成十三翼，布列于答兰版朱思之野，准备迎战。其中第一翼为铁木真之母诃额仑统领的亲族、属民、养子、奴婢和属于她个人所有的人们；第二翼为铁木真自己统领的诸子、诸那可儿，特别是从属于他个人的具有特殊关系的护卫（怯薛）；第三翼到第十一翼都是乞颜氏各贵族所率领的族人和属民；只有第十二、第十三两翼是来附的旁支尼鲁温氏族人组成的。这就是当时乞颜氏兀鲁思的全部阵营，虽然其首领铁木真和他所统领的那可儿集团居于核心地位，但还不占优势。十三翼的全军兵数约三万人。由于铁木真的势力还处在初兴阶段，他在这次战争中失利，被迫退到斡难河上游的狭地中去了。

泰赤乌贵族虽然势力强盛，但“内无统纪”，各强支之间互争雄长，不能统一；对部众的剥削和压迫又十分残暴，常攘其车马，夺其饮食。因此不仅他们的属民日益困苦，依附于他们的弱部首领利益也受到侵害。与他们的骄横态度相反，铁木真则采取了笼络人心的做法。在一次围猎中，故意将野兽驱入泰赤乌属部照烈氏的猎场，让他们多获，然后邀与结盟。照烈氏首领本不满于泰赤乌贵族的欺凌盘剥，于是率部来归。他们对铁木真说："我们像无夫之妇、无主之马一样，因为泰赤乌氏贵人残害我们。现在我们为了你的友好相待，愿为你冲锋陷阵，去消灭你的仇敌。"铁木真从这些话中受到启发，找到了与泰赤乌贵族争夺部众的好办法。此后，他对部属更多施仁义，关怀笼络。泰赤乌贵族的属民多苦其主非法，见铁木真宽仁，时常将裘马送人，于是兀鲁兀（朮赤台）、忙兀（畏答儿）、晃豁坛、逊都思（赤老温）等族人纷纷来附，他的力量壮大了。

紧跟着而来的一次机会，又使铁木真的威望和权力空前提高，这就是配合金朝夹攻塔塔儿人的斡里札河之战。

斡里札河之战

塔塔儿是金朝的属部。金建国以后，一直利用他们防卫东北路边墙，使其与别部相互牵制，在金与蒙古诸部之间起一种缓冲作用。塔塔儿人在金的支持、挑动下，经常攻击蒙古、克烈等部。金章宗明昌六年（1195年），呼伦贝尔地区的蒙古部落撒勒只兀惕（山只昆）、合答斤（合底忻）联结翁吉剌（广吉剌）等部，侵扰金国边境，金遣夹谷清臣等率师北伐，并征召诸乣部族军从征。金军进至合勒河（哈拉哈河）、栲栳泺（呼伦湖），攻下许多营寨。塔塔儿部（北阻卜）趁金军回师时，拦夺其所获羊马，清臣遣人命其纳还赎罪，塔塔儿因此叛金。承安元年（1196年），金遣丞相完颜襄统兵专讨塔塔儿，进至龙驹河（克鲁伦河），将其击溃。塔塔儿部众向斡里札（浯勒札）河逃奔，完颜襄遣兵追赶。

铁木真得到这个消息，立即报告王罕，要求他出兵共同协助金朝攻打塔塔儿，并以"为父祖复仇"的名义，征集主儿乞等族人参战。主儿乞氏没有出兵，铁木真只率领自己的一营（古列延）人马与王罕军会合，从斡难河上游东进至斡里札河的纳剌秃失秃延、忽速秃失秃延之地。塔塔儿人正筑寨坚守，他们攻破这两个寨子，捕杀其首领，掳走了车马粮饷。

这次战事不仅使铁木真打击了东邻的劲敌，使塔塔儿部从此一蹶不振，并且在蒙古部族中赢得了"为父祖复仇"的声望，更重要的还是得到了金朝的封赏。完颜襄因他为金朝立了大功，承制授以"札兀惕忽里"（乣军统领，乣军是辽、金以边地部落所组成的军队）之职，并表示回朝奏明皇帝，赏他更大的"招讨"官。王罕是大部可汗，此次战争中他是主力，因此得了“王”的封号。他本名脱斡邻勒，在汗号之上再冠以王的头衔，因此改称王罕。金朝的封赏大大提高了铁木真的政治权力，从此他可以用朝廷命官的身份号令蒙古部众和统辖其他贵族了。

在斡里札战役以前，乞颜氏贵族的内部矛盾已经暴露。主儿乞氏依恃着长支族望和所继承的精悍部众，看不起铁木真家族。撒察别乞等人虽然推举铁木真为联盟的首领，但并不愿意服从他的管辖，而且一直怀着争夺权位的野心。在一次亲族会宴中，双方就发生了争执。铁木真一异母弟别里古台被砍伤了右臂。

攻打塔塔儿时，铁木真征召主儿乞氏出兵助战，撒察别乞等不仅不听号令，反而乘他率军出战之机，劫掠了他的奥鲁（“老小营”，军队出征时留在后方的家眷和辎重）。这样，铁木真就有充分的理由来收拾对手了：第一，宴会上虐打他的人和砍伤别里古台；第二，不肯出兵“为父祖复仇”；第三，抄了他的老营；第四，违背了推举可汗的盟约。于是，他从斡里札河回军后，就趁新胜之势立即出兵征讨主儿乞氏。主儿乞的营盘在克鲁伦河的阔迭额阿剌勒的朵罗安孛勒答黑（今克鲁伦河与臣赫尔河合流点之西的巴彦乌拉山南麓），铁木真大军一到，撒察别乞和泰出自然不能抵敌，只带着少数人逃跑了。以前合不勒罕挑选出来授予长子的“有胆有勇的百姓”，遂全被铁木真兼并过来，成了他的“体己百姓”，其中就有后来“四杰”中的两人：许兀慎氏人博尔忽、札剌亦儿人木华黎。

不久，逃亡的撒察别乞和泰出两人也被捕获，铁木真责以背弃盟誓，将他们处死，果断地消灭了亲族中最有势力的长支贵族，使他的可汗权力大大提高，开始从贵族联盟的首领向真正君主的地位转化。这是他走向成功道路上跨出的重要一步。从此他不断地削弱旧贵族的权力和地位，迫使他们逐渐降为从属于他的一般那可儿。

东部地区的争夺

金朝在镇压塔塔儿叛乱后，又于承安三年（1198年）遣完颜宗浩、完颜襄等出动大军剿讨翁吉剌、合答斤、撒勒只兀惕等部，使这些“桀骜不驯”的部落力量大大削弱。然而，金朝的势力此时也已逐渐衰弱，无力继续控制蒙古草原了。完颜襄等虽然得胜回师，金朝反而将临潢路的界壕边堡大大内移。这无异于为铁木真扫清障碍，让他更方便地去夺取富饶的呼伦贝尔草原。

消灭主儿乞氏后，下一个与他争夺蒙古部众的对手就是泰赤乌氏贵族了。1200年，他与王罕会于萨里川，共同发兵攻打泰赤乌。蔑儿乞部首领脱脱遣其子忽都等统兵来助泰赤乌。双方会战于斡难河上，泰赤乌氏败，退至月良兀秃剌思之野（今苏联赤塔南之鄂良古依河地），整军再战。经过激烈战斗后，泰赤乌氏终于被击溃，首领塔儿忽台等被杀，沆忽阿忽出等遁入巴儿忽真隘。

泰赤乌氏被消灭后，王罕和铁木真的进取目标自然转向呼伦贝尔地区。居住在那里的合答斤、撒勒只兀惕、朵儿边、塔塔儿、翁吉剌等部联合起来，在呼伦湖附近的阿雷泉举行庄严盟誓，共同与王罕、铁木真对抗。铁木真得到其岳父翁吉剌人特薛禅的密报，即会同王罕军进至捕鱼儿海子（今贝尔湖）。合答斤等部的抵抗极其顽强，但终因力量已被金朝的征讨削弱，遭到了失败，其部众、牲畜多被王罕、铁木真兼并掠夺而去。随后铁木真就驻军于呼伦贝尔地区，继续收拾那里的塔塔儿等残部。

1201年，札木合搜罗了一批败散的旧贵族，包括塔塔儿、翁吉剌、合答斤、撒勒只兀惕、泰赤乌、朵儿边、豁罗剌思等各部首领，在额尔古纳河与刊河（今根河）、秃律别儿河（今得耳布尔河）汇流处附近的忽兰也儿吉集会，结成了一个松散的联盟，推举札木合为“古儿汗”。札木合联盟实际上是一群各怀鬼胎的乌合之众，既无共同的政治、经济基础，又无统一的军事力量；他们的目标只是要维护各自的贵族地位，因此也得不到部众的拥护。这就注定了他们必然失败的命运。

札木合联军秘密地进袭铁木真。联军中有一个叫塔海哈的人，素与铁木真的部下抄吾儿相友善。恰巧这时抄吾儿去看塔海哈。塔海哈策马与抄吾儿并驱时，伺机用马鞭戳了抄吾儿一下，随即向他使了个眼色。抄吾儿借故下马，两人落到马队之后，塔海哈急忙将札木合等人的“河上之盟”告诉了抄吾儿。于是这个消息很快被报告到铁木真那里。铁木真立即起兵迎战，在海拉尔河的小支流帖尼火鲁罕（火鲁罕意为“小河”），击溃了札木合军。参加联盟的诸部首领顿作鸟兽散。

打败札木合后，铁木真仍把注意力放在巩固新占领的呼伦贝尔地区。1202年春，出兵征讨居住在答阑捏木儿格思（今蒙古东方省贝尔湖南讷墨尔根河地）地区的塔塔儿人，穷追至兀鲁回失连真河（今内蒙古东乌珠穆沁旗乌拉盖河、色也勒钦河），将塔塔儿部消灭。至此，西起斡难河上游，东至兴安岭，这一片广阔而富饶的地区都落到铁木真手里了。

这次打塔塔儿人的战役之前，铁木真颁布了一道极重要的命令（札撒）：“在战胜时，不许贪财，既定之后均分。若军马退动至原排阵处，再要翻回力战，若至原排阵处不战回者，斩。”这两条法令，是针对旧贵族联盟时代的掠夺战争中那种各自抢掠财物、各自指挥本支人马随意进退的弊病而立的。它实质上是规定了战利品应当由可汗统一分配，论功行赏；战斗时应当服从统一的军令。这是铁木真被推举为汗后的第一次立法，其意义在于进一步提高汗权，限制旧贵族。果然，阿勒坛、忽察儿、答里台等贵族不遵从法令，仍按老规矩随意抢掠，铁木真命其那可儿忽必来、哲别二人将他们抢到的牲畜、财物尽数夺来，分配给众军。

同年秋，乃蛮部的盃禄汗联合蔑儿乞部的脱脱和斡亦剌部的忽都合别乞，进兵东部攻打王罕和铁木真。札木合与泰赤乌、朵儿边、合答斤、撒勒只兀惕、塔塔儿等部残余势力，都汇集到乃蛮盃禄汗旗下，一时声势颇大。王罕、铁木真军从兀鲁回失连真河退入金边墙，倚边墙为壁。乃蛮联军至，大战于阙亦坛之野（阙亦坛，意为“冷”，在今哈拉哈河上游处）。王罕、铁木真凭据有利地形，而乃蛮军则因地势险峻，气候寒冷，不利作战，札木合等诸部军见势不妙，都星散离去，于是盃禄汗只得引军退还。经过这次战役，铁木真的地位更加巩固了。

克烈部的败亡

从1189年铁木真被推举为乞颜氏首领以来，一直与王罕结盟，巧妙地凭托克烈部的势力来壮大自己。他对王罕也可说是恪守臣子之职，凡有虏获，必先贡献给这位“汗父”。当时，王罕的势力无疑是最大的，但他却没有能成为完成统一的人物。他既贪婪残忍，又平庸无能。夺取汗位后，他残杀诸弟，以致克烈部贵族之间的矛盾十分尖锐；又不能安抚部众，因而有不少克烈人在他灭亡以前就投归铁木真。当初他支持铁木真，只是把这个年轻首领看作可供利用的附庸。

击退乃蛮后，铁木真为长子朮赤向桑昆（王罕之子）的女儿求婚，遭到无礼拒绝。骄横自大的王罕父子并不把对方当作平等的同盟者看待，但此时的铁木真已经羽翼丰满，不再是王罕驯服的海东青了。双方的矛盾终于发展成战争。

1203年春，王罕父子和投靠他们的蒙古贵族计议，伪许婚约，请铁木真赴宴，乘机杀他。阿勒坛弟也客扯连的两个奴隶巴歹和乞失里黑探知密谋，连夜驰奔铁木真报告此事。王罕谋泄，发兵来袭，铁木真仓促整军迎敌，大战于合兰真沙陀之地（当在今东乌珠穆沁旗北境）。和“形势盛强”的王罕相比，铁木真当时还处于劣势，虽经苦战，稍却王罕军，但终因众寡不敌，部伍溃散，他只带着十九人落荒而逃。途经一沼泽地——“班朱尼河”（即“沼泽”之意），荒远无所得食，射野马为粮，饮浑水止渴。后来，这件事作为成吉思汗艰难创业的佳话载入史册，凡“同饮班朱尼河（浑）水者”，均封为功臣。

合兰真沙陀之战是成吉思汗一生中最艰苦的战斗，他第一次单独与当时蒙古草原上最强大的贵族势力进行了较量，虽然暂时失败，但并没有被吃掉。他退却至哈拉哈河上游的建忒该山，溃军渐集。遂移营董哥泽（当在今贝尔湖之东），一面遣使历数王罕背盟弃约诸事，并请求媾和，一面利用喘息时机，在呼伦贝尔地区和克鲁伦河下游一带休养士马，收集部众。同年秋，他的军事力量就恢复了。

合兰真沙陀之战后，王罕和追随他的蒙古贵族就发生了分裂。札木合、阿勒坛、忽察儿、答里台等人密议：“我们可以袭击王罕，自立为王，既不附王罕，也不附铁木真。”王罕得悉其谋，起兵攻之，答里台逃归铁木真，札木合等奔乃蛮。

铁木真探知王罕正搭起金帐，宴饮欢娱，毫无防备，遂用偷袭战术，秘密包围折折运都山王罕驻地，突然发起进攻。经过三天三夜激战，击溃了王罕主力。王罕狼狈西逃，进入乃蛮边界，被乃蛮守将所杀。消灭强盛的克烈部，是铁木真登台以来取得的最大胜利。至此，在漠北草原，他已三分天下有其二，“帝业”基本上奠定了。

王罕被铁木真击败时，他的部下合答黑拔都鲁为掩护王罕逃走，拼命抵抗铁木真的军队，激战三天三夜才力竭投降。铁木真问他为什么死命抵抗，他说：“我不忍让正主（指王罕）教你抓去杀了，所以激战了三昼夜，好让他逃得更远一些。如今你要我死便死，若赐我活着，我便为你出气力。”铁木真说：“不肯弃他的主人，拼命抵抗，与我厮杀，好让主人逃得远远的，是大丈夫，可以留下来与我做伴。”他命令合答黑掌管一个百户。王罕之子桑昆的那可儿阔阔出与合答黑正相反。他盗杀了桑昆的坐骑，把桑昆丢弃在荒野里，独自去投铁木真。铁木真说：“这等人如何教他做伴当！”下令将阔阔出杀死了。铁木真经常以对待自己的主人是否忠诚为标准奖惩敌方将士，教育部属对自己绝对忠诚。

乃蛮部的灭亡

王罕的覆灭震惊了乃蛮统治者。一向被他们视为“歹气息、破衣服”的落后的蒙古人，居然把“在先的老皇帝”打垮，“莫不是他想做皇帝么？”自恃强大的太阳罕决定出兵征讨蒙古，并遣使联络漠南的汪古部，约其夹攻。但汪古部首领阿剌兀思剔吉忽里将使者缚送铁木真，报告了乃蛮人要来进攻的消息。

此时，乃蛮国势已经衰弱。太阳罕懦弱无能，只知打猎娱乐，兄弟各据一方，不能统一；部将不满，军纪松弛。然而太阳罕仍十分骄横，夸言将蒙古人“生得好的妇女掳来，将他们的弓箭夺来”（意谓征服），“那般呵，有甚难！”1204年，他统兵东进，至杭爱山北的合池儿水（今哈努伊河）下营，会合蔑儿乞部首领脱脱、斡亦剌部首领忽都合别乞以及札木合所率朵儿边、合答斤、撒勒只兀惕、泰赤乌等残部，共同进攻铁木真。

铁木真及其那可儿们本来就把“国土广大、百姓众多”的乃蛮作为下一步夺取的目标，且已了解其国势虚弱，不难征服。如今他们先来侵犯，正是攻取的最好机会。经商议分析敌情后，铁木真决定起兵迎战。此时各支的贵族已被一一消灭，簇拥在他身边的都是听命于他的那可儿，无人能与他分庭抗礼了。所有部众都是他的臣民，不再分属于各家贵族了。这使他有可能进一步健全军事组织，提高汗权。他把军马集中在哈拉哈河旁，下令进行整顿：

1. 将所有军队按千户、百户、十户统一编组，委派了各级那颜；

2. 设立扯儿必官（统领），任命其亲信那可儿六人为扯儿必；

3. 成立护卫军。设八十宿卫，七十散班，四百箭筒士；从千户、百户那颜和白身人的子弟中拣选身材好的做护卫；命阿儿孩哈撒儿选一千名勇士管领着。同时还规定了轮番宿卫的制度。

千户制和护卫军的建立，使铁木真的军队成为一支纪律严格、高度集中的武装力量，与昔日贵族联盟时代那种每家“一圈子”各自为政的松散组织形成鲜明对照。这套制度不仅加强了铁木真的权力，而且确定了追随他的那可儿们的那颜阶级地位，从而激励他们更忠诚更勇猛地去为他的“帝业”战斗。

整顿完毕，铁木真率军沿克鲁伦河西行。汪古部首领也率军助战。铁木真将军马散布在萨里川，令每人烧五堆沟火以虚张声势。这一下果然惊坏了乃蛮军前哨。他们急忙赶回去向太阳罕报告说：“达达军马已塞满了萨里川地面，想是每日增添。只见夜里烧的火，一如星般多了。”

太阳罕原以为蒙古人少马瘦，可以轻取，曾经扬言：“若见了达达们，要杀得他们连小羖羱羔儿的蹄皮也不留。”但到了这时候却惊疑畏惧。他的同盟者札木合看到乃蛮部众虽多，却“无斯杀的气象”，便悄悄地领着自己的人马离去了。太阳罕更加临阵怯战。

铁木真军逼近了。双方鏖战于纳忽昏山（今巴彦乌拉山），太阳罕伤重失利。夜间，乃蛮部众企图突围撤退，从山崖上掉下来，又自相践踏，死伤惨重。次日，太阳罕即势穷被擒，不久因伤重死去。他的儿子屈出律率残部逃奔盃禄汗。铁木真乘势进抵阿勒台山（今阿尔泰山）前，征服了太阳罕所属的乃蛮部众。残余的蒙古部贵族势力和蔑儿乞三部之众，也相继被征服。一直与铁木真为敌的札木合，被自己的随从抓了送给铁木真，被铁木真处死。这时候，西起阿勒台山、东至兴安岭的整个漠北草原各部族，几乎全都成了铁木真家族的属部。漠北草原的客观历史进程，终于选择了铁木真来建立一个草原帝国。

三、大蒙古国的建立

铁木真攻灭太阳罕部，最终奠定了他称雄漠北的大局。同时，他也没有忽略利用神权的力量来加强自己的声望和地位。

蒙古人当时普遍信仰一种原始的巫教，叫萨满教。他们相信巫师能够和上天通言，传达上天的意旨。这时出现了一个名叫阔阔出的巫师。据说，他在极其寒冷的冬夜，赤着脚穿过草原和群山。当他回来之后，就向大家宣布："我已见到了上天。上天告诉我说：'我已经把天下给了铁木真和他的子孙。'"

所谓"天下"，本来是铁木真顺应时势、依仗他个人的杰出才能夺来的。不过，他当然十分乐意以"长生天意志"的名义去接受它。现在，这样的时机终于成熟了。

1206年春天，四十五岁的铁木真在他祖先一直以来居住的斡难河源头召开隆重的忽里勒台（"大聚会"），竖起九脚白旄旗，宣布登上大汗的宝座。大斡耳朵（宫帐的意思）面临的宽阔的广场挤满了游牧的骑士。一桶桶的酸马奶和各式各样的奶制品源源不断地送进斡耳朵，也散发给宫帐外广场上的人们。阔阔出在开大会时又装神弄鬼了一番。他对铁木真说："如今地上称汗的各国君主都被你征服了，他们的领土都归到你的治下。所以，你应该有'普天下之汗'的尊号。上天的旨意，你应该被称为成吉思汗。"

"成吉思"的意思，据当时有的人说是"天赐"。后来还有记载说，铁木真即位前，有五色鸟在天空中飞翔，不停地发出"成吉思、成吉思"的叫声，所以就用这吉祥的声音来做称号。而另一些学者研究的结果，认为这个字来源于突厥语词汇"海洋"，大概是以此来形容大汗拥有像海洋一般广阔而无上的权力。

成吉思汗建立的国家，称为"也客忙豁仑兀鲁思"，意谓大蒙古国。在这以前，大漠南北许许多多部落都有自己的名称，蒙古部只是其中的一部。这时，各部被统一在大蒙古国的统治之下，人民按千户的组织形式编制，于是共同使用了"蒙古"作为他们的总名称。

成吉思汗即位后，就将全蒙古百姓划分为九十五个千户，委任共同建国的功臣做千户那颜。千户之下为百户；百户之下为十户，又称牌子头。九十五个千户中，除少数是由同部落人组成的以外，多数是将被征服的各部打散，混合编组。每一个千户都指定一个地盘供他们游牧，由千户以下各级那颜统领。各千户所管的百姓，不许变动，任何人如果离开自己所属的千户、百户或十户，跑到别的单位去，就要被处死，接受他的人也要受到严厉的惩罚。国家按千户来征派徭役和签调军队，凡十五岁至七十岁的男子都要服兵役，随时根据命令，自备马匹、兵仗，由本管那颜率领出征。因此，所有蒙古成年男牧民，同时也都是战士，他们“上马则备战斗，下马则屯聚牧养”。这样，千户既是大蒙古国的地方行政单位，又是军事单位，它代替了原来蒙古草原上星罗棋布的部落和氏族。千户制度的建立，使得大蒙古国的统一大为巩固了。

成吉思汗又任命亲信大臣木华黎为左手万户，管辖东边直到大兴安岭的各千户；博尔术为右手万户，管辖西边直到阿尔泰山的各千户。此外，还任命原来蒙古长支氏族的贵族豁尔赤为管辖额尔齐斯河以东林木中百姓的万户；忠心耿耿为成吉思汗效力的纳牙阿，则封为中军万户，统领成吉思汗的护卫军。

成吉思汗的家族是大蒙古国的最高统治集团，称为“黄金家族”。按照蒙古人自古以来分配家产的传统，他把一部分百姓分配给弟弟和儿子们，并划定了他们各自的牧地范围，蒙古语称为“农土”（营盘地）。大部分百姓归成吉思汗本人所有，按照蒙古人“幼子守产”的习俗，这份财产应由他的幼子拖雷继承。万户、千户等各级那颜的职位都是世袭的，但如果不称职或不忠诚，大汗可以将他们撤职，另任他人。他们是蒙古皇家的臣仆，同时又是高踞于普通属民（哈剌抽）之上的统治阶级。成吉思汗就是通过那颜阶级来统治全蒙古百姓的。

还有一些功臣，由于对成吉思汗及其家族有恩，如在紧急关头救了他们的性命，则赐以“答剌罕”（自由自在的意思）的封号。得到这种特殊的恩封，就可以免除贡纳的义务；打仗时抢的东西，围猎中捕到的野兽，都可以完全归自己所有；游牧地区可以自己选择；可以不经通报就谒见大汗；九次犯罪不罚。“答剌罕”的封号也准许世袭。

为了确保大汗至高无上的威权，成吉思汗将原来的护卫军扩充为一万名，建立了一支由自己直接控制的强大的常备武装力量。这支军队既可以在大汗亲自统领下对外作战，又可以对各个千户起控制和统摄的作用。护卫军分为宿卫（一千人）、箭筒士（一千人）和散班（八千人）。他们的职责，平时是保卫大汗的金帐和分管汗廷的各种事务，战时则跟随出征。成吉思汗规定了严格的护卫制度：宿卫值夜班，箭筒士和散班值日班，各分为四队，每队轮流值三昼夜，周而复始，因此称为“四怯薛”，“怯薛”就是轮番值班的意思。四怯薛之长分别由成吉思汗最亲信的“四杰”——博尔忽、博尔术、木华黎、赤老温四人担任，并许其世袭。

成吉思汗又任命养弟失吉忽秃忽（一作胡土虎）为大断事官（蒙古语称为札鲁忽赤），掌管人户的分配和审断盗贼、诈伪的事，“凡断了的事，写在青册上，以后不许诸人更改”。大断事官是大蒙古国的最高行政官，相当于中原官制的丞相，所以后来汉族人称他为“胡丞相”。

蒙古人原来没有文字。1204年，成吉思汗消灭乃蛮部时，俘虏了为乃蛮可汗掌管印章的畏兀儿人塔塔统阿，问他管的印是做什么用的，塔塔统阿回答说：“凡是出纳钱谷、委任人材，一切大事都要用它作为信验。”乃蛮可汗的印是用古畏兀儿字刻的，成吉思汗知道塔塔统阿深通畏兀儿文，就命令他用畏兀儿字母来写蒙古语，创制了古蒙古文，并且派贵族子弟跟他学习。蒙古人有了文字以后，文化进步很快，三四十年以后，就产生了用这种畏兀儿字蒙古文写的历史、文学巨著《蒙古秘史》（明初汉译本改名为《元朝秘史》）。后来元世祖忽必烈又命国师八思巴采用藏文字母创制蒙古新字，作为元朝官定的蒙古文。但元朝灭亡后，八思巴创制的蒙古新字就不再使用，而畏兀儿字蒙古文经过改革，更趋完善。一直到现在，我国蒙古族还使用这种字母。

蒙古文创制出来后，成吉思汗就用它来发布命令，登记户口，记录所办的案件和编集法令。在怯薛的职务中，设有必阇赤（书记）一职，专掌文书。随着大蒙古国领土的扩大，文书的使用范围越来越广，又增加了掌管汉文、畏兀儿文和回回文字（波斯文）的必阇赤，担任必阇赤长的人，地位也更加重要了。

大蒙古国建立之初，最重要的事情是组织军队。万户是军队的统帅，千户以下，既领兵作战，又管理百姓。国家的行政设置比较简单，到后来才逐步完善起来。虽然如此，大蒙古国的建立，毕竟是漠北高原最重大的历史事件之一，同时也是成吉思汗一生中最为辉煌的业绩之一。

十二世纪末，蒙古高原上有近百个大小不一、语言文化各有差异的游牧部落。他们互相掠夺仇杀，给草原社会的居民带来了很大的灾难和死亡。当时，谁能统一各部，制止抢掠和残杀，谁就会受到人民的拥戴和歌颂。成吉思汗完成了这一历史性的任务。由他所实现的蒙古各部的统一，打破了各部之间长期的割据状态，形成了地域的共同性，促进了他们之间的经济文化联系和共同语言的使用，为蒙古民族共同体的形成奠定了基础。所以，成吉思汗作为蒙古族的民族英雄，是当之无愧的。

建国后不久，他与巫师阔阔出的矛盾便逐渐激化了。这个阔阔出自以为传达“长生天”的旨意，帮助铁木真坐上大汗的宝座立下了大功，所以日益专横，势力也慢慢地扩大了。连成吉思汗的兄弟们，也被他又是殴打又是罚跪。成吉思汗的夫人孛儿帖流着泪对成吉思汗说：“阔阔出在前将弟弟哈撒儿打了，如今又要你幼弟斡赤斤跪，是何道理？你今健在，他尚将你桧柏般长成的弟们残害。久后你老了（意即去世后），如乱麻群鸟般的百姓，如何肯服你小的歹的儿子们管？”

关于如何对待阔阔出的问题，成吉思汗或许已经思考很久了。听完孛儿帖的话，他沉思一番，断然对斡赤斤说道：“阔阔出如今来时由你。”

阔阔出又来到成吉思汗的幄帐时，斡赤斤便起身揪住他的衣领，恨恨地说：“你昨日教我服罪，我如今与你比试。”两人走出帐门，斡赤斤事先交代好的三个力士一哄而上，扭断阔阔出的脊骨，他很快地断了气。成吉思汗在与神权的争夺中，进一步巩固了汗权的地位。现在，他决定要到蒙古高原以外的地区，去施展自己的雄才大略了。

四、进攻夏、金

出征西夏

大蒙古国的建立，结束了漠北草原上群雄纷争的混战局面。同时，蒙古贵族又把规模越来越大的征服战争一次又一次地带给它的四邻。成吉思汗个人杰出的才能和草原游牧贵族强烈的掠夺欲望，毗邻各国的长期衰靡不振，似乎注定要把刚刚诞生的大蒙古国推上急剧膨胀的道路。大蒙古国的疆界跟在它的军队后面一步步地向外扩展，它的强盛武功震动了大半个欧亚。铁木真自称汗始，直至他去世，差不多把所有的精力，全都投入了接连不断的对外征服。而这一系列的对外征服战争，可以说是从攻打西夏开始的。

西夏是党项人建立的政权。唐朝末年，他们居住在今陕西北部和内蒙古伊克昭盟南部。其首领拓跋思恭因率部助唐镇压黄巢起义有功，被唐政府封为夏州定难军节度使、夏国公，并赐姓李。至宋辽之初，其势力逐渐扩大。1038年，党项统治者李元昊称帝，正式建国号为夏，以兴庆府（后改为中兴府，今宁夏银川）为国都。西夏利用辽宋及金宋长期对峙的局面，对南北双方或战或和，在夹缝中求生存、图发展，先后将河套以南、黄河以西的大片领土扩入版图。它的疆域“东尽黄河，西界玉门，南接萧关（今宁夏同心南），北控大漠”。西夏受汉文化的影响很深。境内濒河诸州的农业，河西走廊、河套北部的畜牧业都相当发达，文化也很繁荣。

蒙古并吞克烈、汪古、乃蛮之后，便在南面分别与西夏和金朝互相毗连。富庶的中原与河西走廊当然都是成吉思汗所企图攻掠的目标。不过他采取了先攻夏、后打金的战略。这是不难理解的。夏、金相比，金毕竟是中原上邦。长期以来，漠北诸部（包括蒙古部）一直是它的藩属。根据《史集》记载，在当时北方各族心目中，金朝的国君是“极其强大而尊严的”。因此，对于和金国启衅开战，成吉思汗显得更慎重一些。从战略上来讲，西夏在金之西，北面与蒙古接壤。如先攻金，西夏很可能被金拉过去充当盟国。那时，如果它从西面出一偏师北进，直捣蒙古本部，将会对成吉思汗构成极为严重的威胁。为了全力攻金，应当首先剪除来自侧翼的掎角威胁。再从战术上分析，从漠北统一战争中锻炼出来的蒙古军队，擅长于在开阔的原野山地乘马鏖战。而南下进攻人口稠密的农耕定居地区，必须攻克设防坚固的城堡壁垒。对蒙古骑兵来说，这还需要有一个重新适应的过程，所以首先挑选一个比较弱小的对手是合适的。大概正是出于上述种种考虑，尽管不断地有金朝降人如李藻、田广明等力劝成吉思汗攻金，他还是不敢轻动，而坚持先打西夏。

蒙古对西夏的战争，早在成吉思汗即位的前一年就已挑开了帷幕。

1204年，他在纳忽昏山灭乃蛮太阳罕部，拓境至西夏北界。次年三月[①]，成吉思汗因克烈王子桑昆经西夏过彻勒遁逃，乃以西夏接纳仇人为由，出兵攻之。蒙古军攻拔边城力吉里寨（今宁夏中卫），进而破落思城，劫掠大批人口及骆驼、羊马后返回漠北。这次战争在很大的程度上带有抢掠的性质。

1207年秋，成吉思汗因为西夏不肯纳贡称臣，第二次率兵入侵。蒙古军攻克兀剌海城。驻营其地后，纵兵四出，大肆掳掠。西夏调动右厢诸路军抵拒蒙古军队。成吉思汗并没有率军轻进，次年春季，粮尽而还。这次军事行动，前后相继五个月余，史

① 本书历史事件中涉及的月份，均为农历月份。——编者注

料上未曾留下强攻硬战的记载，看来很像是一次实力侦察。它必定为成吉思汗准备大规模的攻夏战争提供了不少经验。

1209年春，成吉思汗才真正对西夏大举进攻。这次，他仍然先攻边塞黑水城北的兀剌海城。夏襄宗李安全委皇子承祯为主帅，以大都督府令高逸副之，领兵五万抵拒。夏军战败，高逸被俘后不屈遇害。蒙古军攻入兀剌海城，在巷战中又俘获西夏的太傅西壁讹答，最后终于占领兀剌海城，并由此得以长驱直入河西地区，进逼夏都中兴府。李安全复命嵬名令公率五万士卒拒战。嵬名令公在贺兰山险隘克夷门设防，企图在这里挫败成吉思汗。

克夷门位于贺兰山中，是中兴府的外卫。这里两山对峙，崖壁峭立，悬绝不可登，只有中间通一路径，克夷门正扼其冲要。嵬名令公在这里布置重兵，志在必守。蒙古军到时，夏军居高临下，自山坂驰入敌军阵营，将他们击退。成吉思汗力战不克。双方在克夷门相峙两个月。这时候，西夏守军逐渐松弛。七月间，蒙古军设伏诱战，遣游兵将嵬名令公引入埋伏圈，擒之，遂破克夷门，进围中兴府。

蒙古军兵临城下，中兴府合城震动。李安全亲督将士守御城墙。在坚固的城防之前，蒙古军猛攻不能得手。九月，成吉思汗下令筑堤，引黄河水灌城。中兴危急。十月，李安全遣使突围，奔金乞援。金廷臣主张出兵援救。可是，金皇帝愚蠢到连唇亡齿寒的道理也不懂，自作聪明地说："敌人相攻，是吾国之福。有什么值得担忧的？"反而幸灾乐祸，听任不救。夏都日渐不支。

到十二月，河堤决裂，水势四溃。这时，中兴府城墙久经水淹，很容易倒塌，固然对西夏不利；但另一方面，蒙古军营也被决堤之水倒灌，已无法继续围城。中兴之困，不救自解，对西夏来说是不利变成了有利。成吉思汗眼看攻城不克，派西壁讹答入城谕降。李安全竟满口答应。他登上城楼，与成吉思汗隔水相见，以纳女称臣为条件，向蒙古乞求和平。成吉思汗这才决定退兵。这时已是1210年之初了。

西夏经过这次打击，从联金抗蒙转而依附蒙古、进攻金朝。成吉思汗不但解除了攻金时的侧后威胁，而且还可以利用西夏夹击金国。这样，蒙古军队就能毫无顾忌地转过来对付其垂涎已久的金朝了。

但是，由于成吉思汗在进攻金朝和西征西辽的过程中，不断向西夏征兵，使西夏统治者感到负担十分沉重，于是对蒙古渐渐疏远。这样，又引起蒙古的不满，侵西夏的战争又爆发了。

1217年，成吉思汗封大将木华黎为太师国王，率军侵金。木华黎南下进攻金国的同时，又一次派军队攻打西夏，蒙古军长驱直入，很快包围了中兴府，夏神宗李遵顼（夏襄宗李安全于1211年让位给他）逃到西京（即灵州，今宁夏灵武），让太子李德任守城。面对强敌，李遵顼不得不再次向蒙古请降，蒙古军撤退了。

1221年十月，木华黎由东胜渡河，准备经过西夏，进攻金朝的陕西地方。李遵顼惶恐不已，急忙派大臣塔海去迎接木华黎，又派塔海绀卜领兵五万，追随木华黎进攻金朝。

李遵顼于1223年把王位让给次子李德旺，自称上皇隐退。李德旺即位后深感蒙古势力的可怕，想乘成吉思汗西征之机，联合漠北诸部落，组成抗击蒙古的联盟。这时木华黎已经去世，其子孛鲁听到这个消息后，急忙从华北进攻西夏。1224年九月，蒙古军攻破银州，夏兵几万人战死，守将塔海被俘后遭到杀害，蒙古军掳掠牲口达数十万之多。李德旺不得不再次表示臣服，蒙古军退走。西夏在蒙古军队的一再打击下，离覆亡的日期不远了。

南攻金国

1127年，女真逼宋南迁，在中原立国。金政权经过大定年间（1161年—1189年）的全盛时代以后，国势日渐衰落。章宗以后，金朝各种社会矛盾越来越尖锐。统治阶级为了维持腐朽豪华的生活，支付浩大的军费，拼命搜括百姓。其中为害最烈的两种手段，一是以“括民田之冒税者”为名，大量掠夺民间田地，其结果，到金末时，河南竟“官民地相半”；二是滥发钱币，致使交钞贬值，物价腾贵，甚至“万贯唯易一饼”。统治阶级内部也杀机四伏。皇室之内、权臣之间，党同伐异，争夺不已。军队的腐化尤其严重。女真族军队以猛安（三百户为一猛安）、谋克（十猛安为一谋克）制度编制而成。入居内地后，长期不耕不战，纪律松懈，士气低落。平时欺凌百姓，临阵未战先溃，几乎不能打仗。政治腐败，黄河不治，酿成三次河堤大决口，洪水淹没耕地，吞噬人畜，进一步加剧了社会经济的残破。金朝的民族矛盾也很尖锐。1161年，西北路契丹族人撒八、移剌窝斡领导的起义被镇压以后，对契丹族的统治日益严厉。契丹人思复亡国之仇，蒙古强盛以后，经常有人投奔蒙古，愿助其伐金。为金守御西北边墙的汪古人，也先后投降蒙古，对金倒戈相向。

处在这种形势下，成吉思汗加快了伐金的准备工作。金国的北边守将探得蒙古正忙于造箭制盾，且行营时令男子乘车以休养军队，觉察到它将要南下图金，连忙向朝廷报告。结果，这位将领却反而以“擅生边隙”之罪被打入牢中。

1208年，金章宗死。卫绍王完颜永济嗣登皇位，遣使传诏蒙古。这个完颜永济，曾在净州（治在今内蒙古四子王旗境）接受成吉思汗的岁贡。成吉思汗见他懦弱无能，对他颇为藐视。永济怀恨归朝，曾请出兵攻打蒙古。现在，奉接诏制的成吉思汗听说新皇帝竟然是他，就向南面吐口水说："我以为中原皇帝是天上人做。像这样的懦夫难道也可以做吗？还拜他作甚！"说罢翻身上马，挥鞭而去。金使把这件事报告到朝廷，永济益怒，企图待成吉思汗再次入贡时，设计害他。成吉思汗从乣军那里得到这个消息，遂决意与金断绝国交，预备对它用兵。

1210年春，金将在西北路边墙上构筑乌沙堡。约在下半年，成吉思汗命大将哲别袭破乌沙堡，并略地而东。

哲别袭破乌沙堡，实际上是成吉思汗攻金的序幕。到1211年春季，他就亲自统率大军南下了。在亲征之前，他像以往采取重大军事行动时所做过的那样，独自一人登上高山，祷告天地，祈求"长生天"帮助他替被金朝残杀的先祖俺巴孩复仇雪恨。他不但利用"长生天"的感召力和复仇的口号来激励自己的军队，而且还竭力利用金朝的民族矛盾。他在侵金战争中，反复声称自己是被金朝灭国的契丹人的复仇者。他并在辽东半岛扶持起一个臣属蒙古的"辽王"。成吉思汗这一做法，对于部族成分十分复杂的金朝军队，起到了瓦解士气的作用。

1211年七月，成吉思汗率领的一军以哲别为前锋，再次攻克乌沙堡。金军在蒙古骑兵突袭之下仓惶后撤。八月，成吉思汗驻营于抚州（今河北张北），布置军队，强攻金朝重兵扼守的野狐岭（在今河北张家口西北）。他先派察罕了解虚实。察罕回来报告说：“金军‘马足轻动’，不像是久经沙场的劲旅，不足畏惧。”成吉思汗于是下令击鼓进军。结果，金军惨败，死者“蔽野塞川”。蒙古军乘锐追击，大破溃兵。金朝的精锐，大半丧失于此役。

与此同时，另一路军队由成吉思汗的三个儿子朮赤、窝阔台、察合台率领，从金西南路招讨司入边。戍守这里边墙的汪古部首领献关，并引导蒙古军大肆抢掠金西北边沿诸州。

1212年，成吉思汗移军攻金西京（今山西大同）。因中流矢，撤围退出长城。

1213年，成吉思汗会集大军，再由野狐岭入长城，在怀来（今河北怀来东）与金军决战。金兵再次败北。这一仗以后，金精锐部队几乎被全部消灭，伤亡的士卒“如烂木般堆着”。七月，大军直指居庸关。

金人在居庸关外布铁蒺藜百余里，冶铁固关门，置重兵守城。成吉思汗避实就虚，留部将与金兵对峙，自领精骑，兼夜循小径移袭紫荆关。黎明时，蒙古兵骑抵紫荆关，金守军从酣梦中惊起，仓促应战，遂大败。蒙古军由紫荆关入关。这年秋天，成吉思汗兵分三路，遍掠华北诸州府。随后，三路军在中都附近会师。

1214年春，成吉思汗下营于中都北郊。诸将请乘胜破城。成吉思汗深知中都城墙坚实，不易攻下，所以宁肯以强兵作威慑，逼金求和。这时的金朝廷，内则刚刚经历权臣胡沙虎弑君另立的宫廷政变，外则惊悸于蒙古铁骑的凌厉攻势，因此正迫不及待地企图与蒙古议和。结果，金宣宗献出已被杀死的前皇帝卫绍王永济之女岐国公主，以及大批金帛、童男女各五百、骏马三千，由丞相恭送成吉思汗出居庸关。

这年五月，金宣宗不顾部分廷臣和舆情的反对，决意迁都南京（今河南开封）。六月，留驻中都南郊的部族军队乣军哗变降蒙。成吉思汗闻讯，立即遣军南下，与乣军会合，复围中都。

围城之战持续了将近一年。翌年五月，中都城破。屠戮和劫掠长达月余，金宫殿被大火焚毁殆尽。当时成吉思汗正在桓州避暑。他派失吉忽秃忽等人把中都帑藏抢掠一空，全数北运。在他亲自主持征服金朝的这一整个阶段中，他的政策始终以大规模的烧杀劫掠为显著特点。

中都甫下，他又派兵南指，企图骚扰南京。但在河南遭到金兵反击，随即渡河北归。

1216年春，成吉思汗带着大量的战利品——包括俘获的工匠——回到位于克鲁伦河的大斡耳朵。

从中都金朝旧臣中，蒙古人获得一个颇有声名的人物，即耶律楚材。他是辽皇族后裔，三岁丧父，由母亲抚养成人。耶律楚材自幼好学，博览群书，对天文地理、律历术数及释老医卜之说也有一定研究，是一个掌握了中原封建文化的契丹族知识分子。宣宗南迁后，耶律楚材为中都留守所用。蒙古军攻克中都后，风闻其人。1218年，他因成吉思汗召见北觐。成吉思汗对这个身材修长、美髯宏声的契丹人说："辽金世仇，我为你报了仇。"耶律楚材从容回答："我父祖辈已经入朝侍奉金室。既然做了它的臣下，难道还敢以君上为仇敌吗？"《元史》评论说："帝重其言，处之左右。"其实，耶律楚材之所以为成吉思汗所器重，最主要的原因，恐怕还是因为他深谙星历卜筮之术的缘故。蒙古人信奉萨满教，凡遇到重大的决策，常常烧羊胛骨，根据骨头上被火烧灼而成的裂缝预卜凶吉。耶律楚材是靠看星卜卦来算命说鬼话的，在形式上要比烧验羊骨头深奥和神秘得多，所以很容易受到成吉思汗的宠信。成吉思汗不呼其名，而称他"吾图撒合里"，意即"长胡子"。无论如何，耶律楚材因此得以久居成吉思汗近旁，并被当作“天赐我家”的奇才留给这位蒙古大汗的继承人窝阔台汗，这就使他逐渐地有机会参与国政，在保护中原经济文化方面，做了不少很有益的事情。

华北地区几经残破之后，成吉思汗便把他的注意力转向蒙古草原以西地区。他决定把继续经略华北的事业全权托付给大将木华黎。1217年，他封木华黎为太师国王，明确宣布：“太行以北，朕自经略；太行以南，卿其勉之。”自此，他开始专意于西征的准备。

五、西征

降服畏兀儿、败灭西辽

西征之前，成吉思汗已经巩固了对蒙古高原诸部族的控制。他曾几次发兵，征讨分布在大泽（今贝加尔湖）周围直至也儿的石河（今额尔齐斯河）流域的各部林木中百姓。不仅如此，由于畏兀儿部和哈剌鲁部的先后归附，大蒙古国的势力，当时业已越过阿勒台山。

畏兀儿即回鹘，属于突厥语系的民族。九世纪中叶，盛极而衰的回鹘汗国被黠戛斯人攻灭以后，一部分回鹘人迁往河西走廊诸郡，就是所谓甘州回鹘、肃州回鹘、沙州回鹘等部，统称为河西回鹘，后来被西夏征服。一部分回鹘西徙至七河流域（今苏联吉尔吉斯共和国谢米列契耶地区），大约与居住在那里的突厥语系部族葛逻禄（即哈剌鲁）人融合了。大多数回鹘人，则迁到天山东部的南北麓，并且成为当地的主要居民，而原先住在这里的各族居民逐渐与他们融合了。这一支回鹘建立的政权，以高昌（今新疆吐鲁番）为都，所以在宋朝被称为高昌回鹘，元朝史料则常以畏兀儿称之。它的势力，东自伊州（今新疆哈密），西至龟兹（元称曲先，即今新疆库车），北达今准噶尔盆地之边，南及鄯阐（今新疆罗布泊附近），而与吐蕃为邻。西辽强盛以后，畏兀儿成了西辽的藩属。西辽在畏兀儿等藩属国家都派驻“少监”，监临其地。

成吉思汗攻灭乃蛮部的时候，太阳罕的儿子屈出律勾结了慓悍的蔑儿乞部首领脱脱和他的两个儿子漏网出逃，他们盘踞在也儿的石河流域，企图与成吉思汗抗争。1208年，成吉思汗命速不台和哲别分别追袭脱脱和屈出律。脱脱战死，他的儿子忽都和赤剌温率领残部逃入畏兀儿境内。畏兀儿亦都护（意为“幸福之主”）巴而术阿而忒的斤拒绝收容他们，把他们打败后驱逐出去了。这时候，成吉思汗崛起于蒙古高原的消息已经越过荒漠旷野而西传。巴而术阿而忒的斤对西辽少监的压迫凌辱和横征暴敛早已痛恨万分。1209年，他命令部下将少监禁锢在哈剌火州（即高昌）的住所中，然后将房屋拆毁，把少监活埋在断壁碎瓦之中。他遣使者去觐见成吉思汗，表示愿意归顺。成吉思汗要求亦都护亲自来见。1211年，巴而术阿而忒的斤携带重礼东行。他在蒙古受到成吉思汗的隆重礼遇。从此，亦都护成了大汗的藩臣，在履行纳质、纳贡、从征等藩属义务的条件下，对自己的领地和人民拥有一定程度的世袭的自主权。

与畏兀儿亦都护入觐成吉思汗同时，哈剌鲁部首领阿儿思兰（译言“狮子”）也来到蒙古献国降附。哈剌鲁即唐朝的三姓葛逻禄，原先居住在阿勒台山之西，屡经迁徙。八世纪中叶，他们徙入今巴尔喀什湖东南的伊犁河、楚河流域。西辽强盛时，他们与畏兀儿一样受西辽统治。成吉思汗灭乃蛮残部后，遣军逾阿勒台山而至哈剌鲁居地。居住在海押立（在今伊犁河中流北岸）及其邻近地区的哈剌鲁部首领阿儿思兰杀西辽少监，投降蒙古，并随东返之军谒见成吉思汗。阿力麻里（在今新疆伊宁西北）的哈剌鲁部长也入朝谒见成吉思汗。由于畏兀儿与哈剌鲁诸部归附成吉思汗，蒙古的国界，在西面即与西辽相接壤。

辽王朝灭亡前夕，宗室耶律大石与出奔在外的末帝天祚帝失和，率领部众逃至漠北。十二世纪三十年代初，耶律大石从漠北经由高昌回鹘西行，灭亡了当时已盛极而衰的喀剌汗朝，建立西辽，首都在虎思斡耳朵。这是在亚洲最西面的一个按照中原仪文制度建立的封建国家。有一些史料称它为“喀剌契丹”，即“黑契丹”的意思。以后，它西据河中（锡尔河与阿姆河中间地区），东括畏兀儿、哈剌鲁，一度成为中亚细亚地区最为强盛的国家。不过，到了十三世纪之初，当蒙古兴起时，西辽亦已处在衰败的时期了。它在锡尔河流域以外的旧土全部被花剌子模并吞，其东部领土则被乃蛮王子屈出律所据有。

当时西辽的皇帝叫直鲁古，他是一个昏庸无能、不理政事的统治者。屈出律被蒙古军队一败再败，投奔西辽，直鲁古对他毫无警惕，反而将女儿嫁给他，并供应他费用去召集乃蛮和蔑儿乞残部。屈出律势力渐渐增强了。为了达到篡夺西辽政权的目的，他先是挑起西辽与其臣属花剌子模的互斗，继而囚禁直鲁古，夺取了西辽帝位。他出兵征服可失哈儿（今新疆喀什）和斡端（今新疆和田），颇有死灰复燃之势。但是，屈出律统治下的西辽，阶级矛盾、民族矛盾、宗教矛盾十分尖锐，人民怨声载道。

1218年，成吉思汗派哲别率兵两万出征屈出律。当时屈出律正在可失哈儿，闻讯后仓皇向西南出逃。哲别进入西辽境后，利用西辽的民族矛盾和宗教矛盾，允许当地居民信教自由，宣布除了追捕屈出律以外别无所求，保证居民的安全。所以他立即赢得了广大回教徒的支持。他们纷纷起来杀掉住在老百姓家里的屈出律士兵。哲别追屈出律直至巴达哈伤（今阿富汗巴达克山）边境地区。在那里，屈出律走进一个没有出口的死谷。正在附近山地行猎的巴达哈伤山民将他捕获后交给了哲别。西辽终于落入蒙古人的手中。这样，大蒙古国就与当时中亚最强大的国家——花剌子模接界了。

蒙古与花剌子模的关系

花剌子模原是位于阿姆河下游、咸海南岸的一个中亚古国。自从九世纪后期阿拉伯帝国瓦解以后，它先后臣属于萨曼王朝以及在中亚相继兴起的诸突厥王朝。十一世纪末，塞尔柱突厥帝国的算端（今译苏丹）任命了一个奴隶出身的突厥大臣之子护都不丁为花剌子模地区的行政长官，并许其袭用花剌子模沙的称号。护都不丁后人起而反叛塞尔柱朝，杀塞尔柱算端，取代了他的统治。到摩诃末接任花剌子模沙时，其势力已经西至伊拉克阿只迷（今伊朗西部）。不久，摩诃末又击败建都于哥疾宁（今阿富汗加兹尼）的古尔王朝，迫使它臣服于自己；又大败西辽，并于1212年袭杀河中撒马尔罕（在今苏联乌兹别克共和国）的统治者斡思蛮汗。从此，除了它的旧都玉龙杰赤以外，撒马尔罕成为花剌子模新的政治中心。摩诃末自称算端，并企图胁迫回教世界的宗教领袖阿拉伯哈里发承认他的算端地位。由于遭到哈里发的拒绝，他勃然出兵阿拉伯。虽被击败，但他的气焰仍然十分嚣张。从塞尔柱突厥朝算端被击杀算起，花剌子模的统治者只用了一个世纪的四分之一的时间，就完成了对中亚细亚的一系列征服。

古代中亚各地的联系和交通，似乎要比今天一般人的想象密切得多。蒙古军队越过大漠南下并攻占金朝中都的消息，很快地就被往来于花剌子模与漠北、中原的回回商人们带到了西方。关于成吉思汗和他的帝国，传说纷纭，莫衷一是。花剌子模沙摩诃末急于探听蒙古的实力。于是，他选派了一个使团去访问成吉思汗的大营。

成吉思汗高兴地接见了花剌子模使团。他表示承认摩诃末统治西方的地位，就像他自己统治着东方一样。同时，他应允双方的商人自由通商。蒙古人需要粮食、铁器和各种各样的手工业产品。蒙古贵族自己不善于做生意，总是把掠得的金银交给往来活跃于东、西方的回回商人（指畏兀儿以西的花剌子模地区甚至阿拉伯的商人，他们大都信奉伊斯兰教），代他们贸易生息。同时，他们也越来越需要用从中原地区掠得的金银、丝绸等向回回商人交换西方的各种玉石珍宝、织锦及其他奢侈品。抢来的钱不值钱，价钱他们不在乎。重要的是，必须有人提供这一类商品。以上这些原因，都促使蒙古贵族奖励商业。为此，成吉思汗下令保证往来经商的各种商队的安全。

与花剌子模使团东来蒙古前后，由三个回回商人所率领的商队也从花剌子模到达蒙古。他们被带到成吉思汗跟前。商人们向成吉思汗出示了带来的金锦和布匹。其中的一个商人对这些货物的要价，竟在原价的十倍之上。成吉思汗被这种狂妄的要索激怒。他说："难道这个歹人竟会以为，像这样的东西我们过去从来不曾得到过吗？"他下令将堆储在府库中的各种锦缎织物全都拿出来，好让那个商人见识一番。他还下令把那个商人带来的商品当作战利品，分赏给部下。另外两个商人见到这种情景，不敢再开口索价，只是一个劲地说："我们带来的这些礼物都是敬献给大汗的。"成吉思汗十分满意他们的行为，当即按照每匹金锦一金锭、每两匹棉布一银锭的昂贵价格来偿付这两个商人。同时，他又召回了前者，以同样的价格偿付了他的商品。

作为对花剌子模使团的回访，成吉思汗也派出了三名使臣，携带厚礼去见摩诃末。其中有两名是河中人，另一个是名叫马哈木的花剌子模人。这个马哈木，很可能就是后来长期在西域以及华北地区担任要职的马哈木牙剌瓦赤。牙剌瓦赤，在突厥语中正是“使者”的意思。另外，成吉思汗又下令诸王、大臣各派侍从二至三人，筹集资金、采办货物，组成了一支四百五十人的庞大的商队，到花剌子模去贸易。

蒙古使臣们虽然见到了摩诃末，但是，随他们之后出发的商队却被滞留在忽章河（即今锡尔河）边的花剌子模边城讹答剌（今苏联哈萨克境内锡尔河右岸）。尽管组成这支庞大商队的都是回回商人，他们仍然被花剌子模帝国的讹答剌长官全部杀死了，他们带去的财货则被完全没收。记载了这次事件的大部分穆斯林史籍，都说这次屠杀是按照摩诃末的指令进行的。只有一个替商团赶骆驼的人逃脱了厄运。他丧魂落魄地逃回蒙古，把这个消息带了回去。

成吉思汗闻讯，大为震怒。他又一次独自登上高丘，脱去冠带，脸朝着大地祈祷说：

“这次惨案不是我所造成的，请给我力量，让我去复仇吧！”

三天三夜以后，他才回到大营。

然而，当时还不具备立即出征的条件。盘踞在可失哈儿和斡端等地的屈出律还没有被消灭，西征所必需的人力物力也还需要一定的时间进行筹集。所以成吉思汗又派出三个使臣去花剌子模，谴责摩诃末背信弃义的行为。

利令智昏的摩诃末当场杀死了为首的蒙古使臣，将另外二人剃去胡须后逐回。双方的关系进一步恶化了。

成吉思汗一贯教育部下说：“人生最大的乐趣，就是战败敌人。追奔逐北，把他们的一切都夺过来，看着他们的亲人以泪洗面，夺了他们的战骑，把他们的妻女拥抱在自己怀中。”这段话生动地反映了他所进行的对外征服战争所具有的掠夺性质那一面。然而，与花剌子模之战，摩诃末却负有挑起战争的责任。在讹答剌杀害蒙古使者和商队，迫使成吉思汗除了战争外别无选择。

蒙古人对于出征的准备工作，向来采取极为谨慎的态度。出征前，总是先召集诸王、那颜举行“大聚会”，在会上详细地讨论军队的组成、出军人数、作战计划、会师地点及日期。他们的一贯做法，用兵之前，必须检阅队伍，审视士兵的坐骑装备，衣着则头戴皮兜，身被有铁片的皮甲。每个战士的马鞍下都塞着一定数量的干肉，这是他们常备的军粮。

现在，传统的“大聚会”又召开了。最后决定留成吉思汗的幼弟斡赤斤镇守漠北本部，由木华黎负责继续征金，成吉思汗自己率领诸子、诸将和大部分蒙古军队西征。参加西征的，还有华北和西夏归附蒙古的汉军、河西军以及大批能工巧匠，总数有十余万人。

1219年，成吉思汗驻夏于也儿的石河。蒙古与花剌子模之间长期而血腥的战争爆发了。

击败花剌子模

入秋以后，成吉思汗大军从也儿的石河进抵讹答剌城下。

摩诃末力图避免与蒙古军在野战中正面交锋，所以分散兵力守御锡尔河沿边及河中诸要塞，甚至企望蒙古军队会在大掠之后自行退兵。这样，虽然花剌子模所拥有的军队在总数上超过蒙古军队，但它在每一个地区的兵力，却常常劣于自己的敌人。

成吉思汗决定从这里分兵四路。他留下察合台和窝阔台围攻讹答剌，命朮赤统领右路军往攻锡尔河下游重镇毡的，另遣左军溯锡尔河而上，随处攻掠，他自己领主力中军渡河，横逾沙漠，直趋不花剌城（今苏联乌兹别克共和国布哈拉）。当时，摩诃末正在河中首府撒马尔罕。该城防卫坚固，兵力充足。成吉思汗企图通过上述军事布置，四面收缩，集合大军合围这座河中重镇，切断摩诃末退回花剌子模本部或呼罗珊的道路，一举擒获这个既骄横又懦弱的算端。在几个方向上同时出击，然后又在决战阶段迅速合拢诸军，形成重点包围，对敌军主力进行密集攻击，这是成吉思汗所经常使用的战术。

1220年初春，成吉思汗兵临不花剌。守将率军出奔，企图突破蒙古军防线，渡阿姆河西遁，但被全部击灭。翌日，城民献关出降。

不花剌城的名称，意为“学问的中心”。这里是回教世界的东部学者麇集的地方，如今遭到了惨重的洗劫。城降后，成吉思汗驰马闯进大礼拜寺。他问这里是否是算端的宫殿。人们回答他，这里是上帝的殿堂。他带着轻蔑的神气翻下战骑，踏上讲坛的台阶，大声地说：“田野里没有足够的草料，就替我在这儿喂马吧！”于是他们搬来谷料，用书椟作槽，在庭院里喂起马来。随后，蒙古军人们又抬来了酒囊，并把城里的歌伎们拉到这里，陪他们跳舞作乐。而不花剌城中那些有声望的回教长老、学者和医生们，都被征集而来，在一旁为这些狂欢放浪的人们喂马、执行杂役。不花剌城的内堡中负隅抵抗的士卒，以及企图起而反抗的穆斯林教士，全遭到无情的屠戮。全城居民被赶到城外的空旷地带，然后城里遭到纵兵大掠。城中一切防御设施全部被拆除烧毁，大火一连烧了好几天，火势延及居民居住的木屋，除了大礼拜寺等极少数砖墙结构的建筑以外，整个城市差不多被夷平了。每天都有一队一队的贵族富人被带进蒙古军的行营，用拷掠榨取他们的钱财。成吉思汗对市民们宣布："我是上帝之鞭！呵，可怜的人们，你们犯了大罪孽。如若不然，上帝怎么会派我来惩罚你们呢？"很多年后，一个幸免浩劫的不花剌人在回忆这段经历时仍惊魂未定。他用了波斯语中最简练的方式来描绘这场大动乱，他说："他们来了，他们掘地挖宝，他们纵火焚烧，他们杀人，他们抢掠，然后他们离去了。"

1220年三月，成吉思汗从不花剌东趋撒马尔罕。不花剌城的成年男子被全数征发，从军作战。远离本土的蒙古军队不断地从被征服的当地居民中征发士兵，主要用于两个方面，一是担任运输、造作等辅助任务，二是在攻城时把他们布列在最前面，强迫他们去抵挡来自其同胞防御工事中的兵刃锋镝，以减少本族军队的损失。守城士卒经常在攻坚的蒙古军队最前列看见被刀枪胁迫着缓缓前进的活的枪盾箭垛，这中间有他们的父老兄弟、至亲好友，他们的斗志很快地涣散了。

在撒马尔罕前线，成吉思汗得到捷报，术赤已经攻下毡的和锡尔河下游诸地区，而察合台和窝阔台经过五个月的围攻，终于也攻克了讹答剌城，并带领部队渡锡尔河赶到撒马尔罕，与成吉思汗会合。

人们最初以为，城防坚实的撒马尔罕，至少可以固守数年而不溃。可是，蒙古军渡锡尔河的消息传来，摩诃末还是急忙逃离撒马尔罕，退至阿姆河南岸。他在那儿布置了第二道防线，而把撒马尔罕留给部下守卫。

围城最初两天，成吉思汗下令休战。他亲自沿外墙环绕全城，实地勘察城墙防护、外围工事以及城门的虚实，反复选择适当的突破口。战斗从第三天起开始，攻城仅二日，撒马尔罕即弃战投降。蒙古军开进城内，击溃死守内堡的军队，将城防构筑全行拆毁，又驱居民出城，大肆抢掠。当天晚上，缴械投降的三万康里（突厥的一种）军队被成吉思汗下令屠杀。他从居民中检括了三万工匠，分赐给诸子和亲属，又征发了三万壮丁随军作役夫，其余的人均须缴纳赎金，方许回城。

按照同时代的波斯历史学家志费尼的看法，不花剌和撒马尔罕所遭受的破坏，比起呼罗珊、伊拉克阿只迷等地区的命运来，还算是比较轻微的。因为这两座城池都是只经过一次毁灭性的打击，而且在这里尚未举行全城性的大屠杀。蒙古军队对于中亚经济和文化的严重破坏，由此可想而知。

成吉思汗从撒马尔罕遣哲别和速不台渡阿姆河追寻摩诃末，令其紧追不舍，志在必得。以后，又因为朮赤一军在花剌子模旧都玉龙杰赤久围不能下，他派察合台和窝阔台领兵北去，与朮赤合力攻玉龙杰赤。他自己就在阿姆河北岸驻扎。秋天，他溯阿姆河而上，克忒耳迷城。城破之日，全体居民都被赶到城外的开阔地段，按照蒙古军队的习俗，把他们分配给每个士兵，责令其屠杀无遗。

他从这里派拖雷先渡阿姆河，往攻呼罗珊。花剌子模军队沿河筑垒十余里，陈船河中。汉将郭宝玉献计，乘风涛发火箭射船，顿时延烧不能止。拖雷指挥大军趁火势渡河，攻破护岸兵五万，向西长驱直入。

1221年开春以后，成吉思汗也率军涉阿姆河，进围巴里黑城（在今阿富汗马扎里沙里夫之西）。巴里黑遣使奉重币求降。由于当时摩诃末之子札兰丁正在南面的哥疾宁集结重兵，准备抵拒蒙古军，成吉思汗对巴里黑降人不敢放心。他以检括人口为名，将居民驱出城外，不分男女老幼，尽数屠戮。以后很久的一段时期中，这个昔日繁华的城市，成为尸骨成丘、禽兽出没的恐怖世界。

从巴里黑出发，成吉思汗又攻下它西面的塔里寒山寨，然后避暑于塔里寒高原。

就在这一年，花剌子模军队在摩诃末之子札兰丁统领下，总算组织了一次主动的出击战。札兰丁在哥疾宁整顿军队后北上进屯八鲁湾（在今阿富汗喀布尔之北），与蒙古军遭遇，获小胜。不久，失吉忽秃忽领数万大军来迎，竟又被札兰丁打败。

成吉思汗接到败讯，并没有责备失吉忽秃忽。他沉着地说：“过去你打仗总是得胜，所以有些不在乎了。现在尝到了吃败仗的滋味，今后应引以为训。”待他引军南下经过八鲁湾战场，向失吉忽秃忽详细询问当时双方的布阵形势，批评失吉忽秃忽不懂得如何正确地利用地势。他在失利时的镇定和引导部下总结教训的做法，使众将心服。

蒙古军队这次南攻哥疾宁，队伍是十分浩大的。拖雷在扫荡呼罗珊后东返，与成吉思汗会合。与此同时，窝阔台和察合台所部，也在引阿姆河水灌玉龙杰赤城，将这千年古都夷为平川之后，直趋阿姆河南，与中军会师。

看到察合台的到来，成吉思汗的心情十分沉重。原来，察合台出发去攻取玉龙杰赤之后，他最喜欢的儿子蔑忒干在跟随成吉思汗围攻巴米安堡时中流矢身死。成吉思汗一向很喜欢蔑忒干，闻讯非常悲伤。巴米安堡攻下后，成吉思汗下令尽屠城中的一切生物，称之为“卯忽尔罕”，意即“坏城堡”。如今察合台回来了，成吉思汗命令部下不准向他透露蔑忒干战死的消息。一连好几天，成吉思汗总是对察合台说，他的爱子被别遣他往了。有一次，他借故和他的儿子们争执起来，装出发怒的样子问：“你们都不听我的话么！”察合台震惊地跪到地上说：“我们一定遵命而行，不然请罚我们以死！”成吉思汗接连几次问道：“你们真的照我的话说吗？”直到察合台郑重其事地再三保证后，成吉思汗才吐露了蔑忒干战死的真情，随即下令不许察合台哭泣悲伤。察合台在父亲面前强忍泪水。过了一会儿，他借口跑出营帐，偷偷地躲到角落里痛哭了一场，然后擦干泪水，才敢重新回到成吉思汗跟前。能征惯战的蒙古贵族在残酷的战争面前，就是这样来克服自己丧失亲人的悲哀的。

札兰丁得到蒙古军队合力来攻的情报，不敢恋战，弃哥疾宁撤退到申河（今印度河）边。成吉思汗追至申河，双方在河边展开了恶战。成吉思汗企图生擒札兰丁，所以禁止士卒对陷入重重围困的札兰丁发矢。札兰丁左冲右突，无法突围。最后，他反身跃马跳进申河，泅水而去。成吉思汗对这位表现勇敢的敌人很敬佩，阻止部下向他射箭，让他带领追随他过河的军将们逃入印度去了。

三年多的烽火，把花剌子模烧得满目疮痍。锡尔河和阿姆河目睹了成吉思汗的狂飙袭来，呼罗珊记录了拖雷的战绩，再向西、向北，越过高加索山脉，在广袤的南俄草原上留下的是哲别和速不台的踪迹。不过，当时的蒙古人全都得地不守。在他们的身后留下的，除了破坏，差不多没有任何属于他们自己的行政或军事设施。因此，几年以后，札兰丁才能从印度返回波斯本部，在那里发起了一个短暂的复国运动。成吉思汗破败了花剌子模，但他还没有完全地征服它。给予花剌子模以最后一击的任务，是在他的继承者窝阔台汗的时代才得以完成的。

班师归来

1221年末至1222年初的隆冬，成吉思汗是在大雪山（即兴都库什山）之麓度过的。他很快就要年满六十了。对暮年和死亡的恐惧，逐渐像阴影一样地笼罩在这位戎马一生的游牧领袖心头上。可惜，那个博古通今、能够比回回星历家更准确地预测出月食日期的耶律楚材，对长生不老之术却是外行。所以，成吉思汗必须另觅高手。这时候，他正怀着焦急的心情，等待着万里之外的山东著名道士——长春真人邱处机奉召赶来觐见。

邱处机，登州人（治今山东蓬莱），是金末在华北流行的全真教派首领，自号长春子。几年前，成吉思汗听说他有长生不老之术，就遣近臣持诏要他北觐。长春真人原先以为成吉思汗就在桓、抚之北，便欣然应命。等他到达燕京，方才知道“车驾遥远，不知其几千里”。他吓得不敢再往北走。于是上表要求在燕京“坐住”。成吉思汗不答应。邱处机无可奈何，只好不顾“颜色憔悴，形容枯槁”，凄然出塞。他以七旬的高龄颠簸于马背之上、沙海之中，好不容易到达镇海城（在今蒙古人民共和国科布多东南），实在不愿意继续西行，所以又向守城的长官田镇海苦苦哀求：“我远行几千里方到达治下。沙漠中看不见耕稼，得见此间秋稼已熟，十分欣喜。我想就在这里过冬，恭候皇帝陛下回銮，可以吗？”田镇海婉转地回答他：“圣上最近有圣旨给各处官员，如遇长春真人经过，不得留难、耽误他的行程。师父若是停留此间，则罪在镇海矣！”

邱处机被迫再往西去。他心情沉重，“不堪白发垂垂老，又蹈黄沙远远巡”，大概以为从此不能生还故乡，吟出了“残生无分乐天真”的绝望诗句。

1222年四月，长春真人横跨五十经度，终于抵临大雪山脚下的成吉思汗大营。成吉思汗召见邱处机，问他：“真人远逾万里来到这里，不知有什么长生不老的药方献给我？”邱处机回答他：“世上只有卫生之道（延年益寿，保养身体的方法），从来没有长生之药。”那么什么是“卫生之道”呢？长春答复说，是以“清心寡欲为要”。成吉思汗巴望了许久，得到的竟是这样的回答，心中有些失望。他耐着性子听邱处机讲道说法。他答应了邱处机的要求，对华北的道人免征各种各样的赋税差役，只要求他们能经常地为自己告天祝寿。

1222年春夏两季，成吉思汗一直下营在大雪山之南。他曾派兵渡申河追踪札兰丁，但因水土不服而被迫退回。他又想取道印度、吐蕃班师，也没有成功。入秋以后，他决定循旧道返回，因此复渡阿姆河，取道不花剌，驻于撒马尔罕。

在不花剌，成吉思汗怀着极大的好奇心询问了伊斯兰教的教义。除了麦加朝圣这一条，他对几乎所有的教义都表示赞许。他认为朝圣并不必要，因为上帝是全能而全在的。在撒马尔罕，他宣布豁免穆斯林教士的赋役。实际上，大蒙古国在从东到西的广大领土上，对于各种职业宗教家差不多都给予了豁免赋役的同样优遇。除了在与花剌子模进行战争的期间，成吉思汗曾经故意地亵渎过伊斯兰教之外，他对于各种宗教——佛教、道教、也里可温教（基督教）、木速蛮教（穆斯林教）等，大体上采取宽容的政策，而且禁止对任何一种宗教过分偏颇。

1223年初，成吉思汗东渡锡尔河。他在诸那颜和拔都鲁们的簇拥之下，在今塔什干附近的察赤河（今锡尔河）流域坐上了用黄金铸成的宝座，接见群臣。这一年夏天，他驻夏于忽兰巴失草原。

这一年，成吉思汗在一次大规模的围猎中被失蹄的坐骑掀下马背。当时他正在追击一头野猪。那野猪看见了被摔在地上的成吉思汗，竟然没有像往常那样猛扑过来，而是呆呆地盯着成吉思汗，然后在赶上前来的众将领的吆喝下转身逃去。随行的耶律楚材和邱处机都借此劝谏成吉思汗不要再经常行猎。成吉思汗对他们的好意表示感谢，可是他认为，对一个蒙古人来说，像打猎这种一辈子做惯了的事，怎么能随便放弃呢？蒙古人在行猎这件事上，有许多严格的规定。他们通过围猎来训练骑射、布阵、协同作战，培养勇敢精神和令行禁止的纪律。这样重要的活动，成吉思汗当然不会同意放弃的。

翌年，大军继续东返。途中遇到拖雷的两个儿子——忽必烈和旭烈兀兄弟。这两个人，后来分别成了元王朝和在波斯的蒙古王朝伊利汗国的开国君主。但在当时，忽必烈才十岁。他射到一只兔子，弟弟旭烈兀则射到一只鹿。成吉思汗十分高兴，按照蒙古旧俗，亲自把那兔子和鹿的油脂，涂到这两个初次获猎的孩童们的中指上。

同年，从撒马尔罕与成吉思汗分道、去追击摩诃末的哲别和速不台所部，也东归与大军会合了。

这一支蒙古军始终紧紧尾随花剌子模算端摩诃末，一直把他逼到里海的一个岛屿之上。摩诃末后来就凄凉地死在那里。蒙古军转而抄掠波斯各地，绕里海西岸，逾太和岭（今高加索山脉）北进。里海和黑海北面的广阔原野，当时是钦察各部的居地。被蒙古军击败以后，钦察的一些部众西逃，向俄罗斯人求援。俄罗斯诸公国与钦察联兵西逆，结果在黑海西岸的伽勒伽河被蒙古军各个击破，惨遭大败。蒙古军队由此乘胜长驱，进入俄罗斯南部，又沿今第聂伯河至黑海北岸，取道钦察草原东返，与成吉思汗会师。

1225年春，成吉思汗回到了他在斡难河头的大斡耳朵。

六、西夏之亡与“一代天骄”之死

成吉思汗在西征时，曾经按照接受西夏输诚时所约定的条件，派使臣去要求他们出军助征。可是西夏大将阿沙敢卜对蒙古使臣说：“等到蒙古打败时，我们就派军队来支援。”成吉思汗得到使臣的报告大为震怒。当时他正在对中亚用兵，所以没有立即报复。从西域归来，他重新把注意力投向南方。碰到的又是老问题：不先降服西夏，势必难以灭亡金国。借口是现成的：西夏迟迟不纳人质，也不肯派兵参加西征。因此，1226年二月，他亲自带领窝阔台、拖雷，统军十万，再次出征西夏。察合台率领着一支军队，被留作后援。

三月，成吉思汗攻占西夏重镇黑水城等地，乘胜推进至贺兰山。西夏将阿沙敢卜战败被俘。夏，成吉思汗屯兵于浑垂山（在今甘肃酒泉北）避暑，以等待与西路军队会师。

为了割断西夏西部州郡与东部州郡之间的联系，成吉思汗派忽都铁穆儿、昔里钤部等出兵沙州（今甘肃敦煌北）。西夏沙州守将伪降，以牛羊美酒犒赏蒙古军，暗地里却设伏兵，企图一举消灭蒙古军。主将忽都铁穆儿中伏，幸好被昔里钤部救出。蒙古军抓紧时机回击，西夏军大败，沙州失守。接着，西路蒙古军又进至肃州（今甘肃酒泉）。戍守肃州的西夏军民奋力抵抗。可是，肃州守将昔里都水是昔里钤部的族兄，他企图以城降蒙古，被杀。肃州城破后，成吉思汗下令屠肃州城，只有昔里钤部的亲族一百零六户幸免于难。不久，由西路东进的蒙古军到达甘州（今甘肃张掖），与主力军会合。

面对蒙古军队势如破竹的攻势，西夏王李德旺束手无策，统治集团里人人自危，忧心忡忡。这年五月，六十四岁的上皇李遵顼病死。仅仅过了两个月，李德旺也忧悸成疾，发病而死。群臣立德旺的侄子李晛为王。西夏的局势已经岌岌可危了。

蒙古军队会师后，继续东进，下一个目标是甘州，甘州的守将叫曲也怯律，他的儿子察罕，十多年前即投奔成吉思汗，被收为养子，这次察罕随军而来，派人劝其父献城投降，但曲也怯律和蒙古使者都被西夏副将阿绰等三十六人杀死，阿绰等坚决抵抗，不久城破，成吉思汗下令屠城，在察罕恳求下，无辜百姓才免于屠杀，阿绰等三十六人遭杀害。

1226年秋七月，成吉思汗领兵进攻西凉府（今甘肃武威），夏将斡扎箦投降，附近的搠罗、河罗诸县也被蒙古军占领。蒙古军继续前进，到达黄河九渡处，占领应理（今宁夏中卫）。蒙古军队沿河北上，十一月，成吉思汗亲率大军进攻灵州（今宁夏灵武），李晛遣老将嵬名令公领兵十万来援，双方展开了激战，蒙古骑兵在结冰的黄河上纵横驰骋，对夏兵猛烈冲击，西夏将士虽奋力抵抗，终究敌不过凶猛的蒙古骑士。这场战斗的激烈程度是空前的，连成吉思汗也坠马跌伤了，西夏将士的伤亡更加惨重，灵州终于被蒙古军队占领，守将李德任（献宗李德旺的哥哥）被俘杀。蒙古军队在灵州取得重大胜利后，继续挺进，终于包围了西夏都城中兴府。成吉思汗在盐州川驻冬，蒙古军队在盐州（今陕西定边）一带肆行杀掠，当地的居民有的打土洞、石洞避难，但是死里逃生的不过百分之一二而已。

西夏军队经过灵州这一仗后，元气大伤，已经无力抗击蒙古军队了。成吉思汗对西夏的进攻也放松了下来，只用较少的兵力围困中兴。

1227年正月，成吉思汗带领大部分军队渡过黄河进攻积石州（今青海贵德东），意在彻底切断西夏的后路。接着进入金境，攻陷临洮府（今甘肃临洮）及洮（今甘肃临潭）、河（今甘肃临夏）、西宁（今青海西宁）、德顺（今甘肃静宁）等州，基本上形成了对西夏的大包围圈。闰五月，成吉思汗到达六盘山驻夏。

被蒙古军队团团围困的西夏君臣，简直是热锅上的蚂蚁，不知如何是好。李睍只好委托右丞相高良惠守城，高良惠坚壁拒守，兵民们都很感动，劝他保重，他感叹地说："我身为国臣，不能消除祸乱，使敌寇深入至此，活着有什么用呢？"不久终因积劳而死。闰五月，成吉思汗在六盘山派察罕赴中兴府劝降，西夏君臣犹豫不决。六月，中兴发生强烈地震，房屋倒塌，瘟疫流行，粮尽援绝，到了山穷水尽的地步。李睍被迫遣使乞降，称："为了准备贡物、迁民户，请宽限一月，到时亲来朝谒。"成吉思汗同意了。他对西夏使臣许诺说："夏主投降以后，我会像对待自己的儿子一样地对待他的。"

他从六盘山移至清水县的西江。当时天气酷热，六十六岁的成吉思汗不能适应这种气候，竟染上了重病。他知道自己病情严重，又想起悬而未决的汗位继承问题，更加放不下心来。

原来，漠北游牧社会中长期地存在着"幼子守产"的习惯法。当儿子们长大成人的时候，就离开父母去独立生活，他们有权带走属于父母的一部分财产。最小的儿子不离开家庭，由他继承父母所留下的大部分家产。那么，偌大的一个大蒙古国，至高无上的大汗宝座，是不是也应当遵循幼子守产的习惯法来决定继承原则呢？在这个问题上，成吉思汗一直迟疑未决。

一方面，由于游牧经济的分散性，成吉思汗事实上已经按照幼子守产的原则在亲族中间划分了各自的属民和份地。他把他的兄弟们分封在东面：哈撒儿分在蒙古东北部，哈赤温（这时已死，由他的儿子按赤台受封）在蒙古东部，斡赤斤在蒙古最东北，追随他创业有功的异母弟别里古台也有自己的土地和人民，他被封在斡难河、克鲁伦河中游一带，最靠近大斡耳朵。这四家后来称为“东道诸王”。据说，成吉思汗有妻妾五百人，只有五个人具有皇后的地位，其中，长妻孛儿帖所生的四个儿子地位最尊，称“四曲律”。他们是朮赤、察合台、窝阔台、拖雷。除了拖雷以外，他们也都有自己的人民和份地，称为“西道诸王”。他们的份地，从北向南，依次展开在从也儿的石河流域到畏兀儿边境的草原地带。朮赤的份地，离开大斡耳朵最远。幼子拖雷没有另外的份地，他将继承大汗留给自己统领的大片地方。成吉思汗死的时候，漠北本部属于自由民身份的蒙古骑士共有十二万九千人。其中分给诸弟、诸子的共二万八千，剩下的十万一千，都属于成吉思汗本人，在他死后，则属于幼子拖雷。

但是在另一方面，当成吉思汗为他所缔造的草原帝国遴选大汗继承人时，他似乎并不把汗位看作纯粹属于他私人，因而也可以传给幼子的个人财产。大汗是整个“黄金家族”的财产看管人，他不仅应当对属于自己的份地，而且必须对整个大蒙古国负责。所以，汗位继承人的资格，应当以能力为原则，而不是以幼子守产为原则来确定。成吉思汗对于让谁来继承汗位的问题，曾一度非常犹豫。

不幸的是，以上这两种处置，在成吉思汗时代都已经招致了不少的麻烦，暴露出大蒙古国分裂瓦解的明显征象。

朮赤顾忌自己可疑的出身，与察合台、窝阔台长期不睦。他自从攻打玉龙杰赤后，就长期逗留在咸海北部的草原上。成吉思汗西征回来，几次召见他，他都托故不肯从命。成吉思汗对朮赤的疑忌渐渐加深，1227年，他甚至打算出兵攻打朮赤。恰好这时传来朮赤去世的消息，才避免了骨肉间的一场血战。后来，朮赤的后裔就在也儿的石河以西、咸海、里海以北直到伏尔加河流域，建立了钦察汗国。

为了汗位继承，成吉思汗的儿子们，也早在出征花剌子模之前，就进行过一场激烈的争执。《元朝秘史》用十分生动的语言记述了这一场争执：

“临行时，也遂夫人（成吉思汗的诸妻之一）说：‘皇帝涉历山川，远去征战。若一日倘有不讳，四子内命谁为主？可令众人先知。’太祖（指成吉思汗）说：‘也遂说的是！这等言语，兄弟、儿子并孛斡儿出（即博尔术）等，皆不曾提说，我也忘了。’于是问拙赤（即术赤）：‘我子内你是最长的。说什么？’拙赤未对。察阿歹（即察合台）说：‘父亲问拙赤，莫不是要委付他？他是蔑儿乞种带来的，俺如何教他管？’才说罢，拙赤起身将察阿歹衣领揪住说：‘父亲不曾分拣，你敢如此说？……’说了，兄弟各将衣领揪着。……太祖默坐间，有阔阔搠思说：‘察阿歹你为甚忙？皇帝见指望你。当您未生时，天下扰攘，互相攻劫，人不安生。所以你贤明的母不幸被掳。若你如此说，岂不伤着你母亲的心？’……太祖说：‘如何将拙赤那般说？我子中他最长。今后不可如此说！’”

一场风波，最后以勉强推举窝阔台当大汗继承人才暂时了结。

辗转反侧于病床之上的成吉思汗，越是想起这些往事，便越觉不安。他急忙召唤窝阔台、拖雷、各妃所生的儿子们到大帐中来，对他们说：“我病势沉重，眼看无法医治了。实在说，你们需要有人保卫国威和帝位，支持这根基坚实的宝座。如果我的儿子们个个都想当大汗，想当帝王，不肯相互谦让，岂不是变成了我常讲的故事中那条多头蛇？”

成吉思汗经常喜欢讲一头蛇和多头蛇的故事。这个故事是这样的：在一个寒冷的夜晚，有一条多头蛇为了御寒，想爬进洞去。可是，这条蛇的每一个头都争着要首先钻进洞里，哪个也不肯落在后头，结果，这条多头蛇就冻死在洞口的外面。而另外一条只长着一个头和一条长尾巴的蛇却顺利地爬进洞里，给尾巴和肢体找好安顿之地，从而度过了严寒。成吉思汗用这个故事教育自己的儿子们，要他们同心协力，听从指挥。现在到了病危的时候，他又想起这个寓意深刻的故事来。

“我们俯首听您的命令和吩咐。”窝阔台等跪在地上说。

“若你们想过安乐和幸福的生活，享受权力和富贵的果实，那末，如我近来让你们知道的那样，我的意见是：窝阔台继我登位，因为他雄才大略，足智多谋，在你们当中尤为出众，我意欲让他出谋划策，统率军队和百姓，保卫帝国的疆域。因此，我立他当我的继承人，把帝国的权柄交给他的勇略和才智。我的儿子们，对这想法有何意见？”成吉思汗接着说。

“谁有权力反对您的话，谁有能耐拒绝它？”诸子们异口同声说。

“既然这样，”成吉思汗继续说，“若你们的愿望和你们的话是一致的，若你们的口比着你们的心，你们必须立下文书：我死后你们要承认窝阔台为汗，把他的话当作肉体的灵魂，不许更改今天当着我的面决定的事，更不许违反我的法令。现在察合台不在我的身边，也应该使他不生叛乱之心。”

窝阔台的弟兄们遵照成吉思汗的圣训，立下了由窝阔台继承大汗位的文书。

成吉思汗的病情愈来愈恶化，在他临死的时候，他对拖雷和诸大将嘱咐了灭亡金国的方略：“金朝的精兵在潼关，潼关南据连山，北靠大河，难以一下子攻破。如能假道南宋，宋金世仇，必能同意，那时即出兵唐、邓，直捣开封。这时，金朝必从潼关征兵。潼关数十万兵千里赴援，必然人马疲敝，虽能赶来却不能作战，攻破开封是必然的。”后来窝阔台灭金，基本上遵循了这一方略。

他又嘱咐左右诸将，死后秘不发丧，待李晛到期来朝谒时，把他杀掉，并对西夏都城实行屠城。后来诸将果然按成吉思汗的嘱咐执行了。

1227年七月己丑（公历8月25日），成吉思汗在清水县西江病逝，终年六十六岁。

成吉思汗诸子和诸将领们护送成吉思汗的灵柩到达克鲁伦河河源的大斡耳朵，为了做到秘不发丧，沿途遇人便杀。来自大蒙古国东西各地的成吉思汗诸子、诸弟、诸王及其后裔，陆续赶到漠北，举行了隆重的丧礼，成吉思汗的遗体埋葬在斡难、克鲁伦、土剌三河的发源地不尔罕山的起辇谷。

七、成吉思汗的历史功绩

十二至十三世纪漠北历史发展的客观进程，把“一代天骄”成吉思汗推上了他成功的峰巅。蒙古高原上的各部族，在成吉思汗的旗帜下统一起来，不是以其他王朝的属部，而是作为独立的实体求生存、谋发展，自立于世界民族之林，这无疑极大地促进了蒙古民族共同体的形成和发展。成吉思汗对于蒙古族历史的发展做出了卓绝贡献。

成吉思汗超过我国古代北方少数民族的其他许多杰出领袖——匈奴的冒顿，突厥的土门、室点密兄弟，回纥的怀仁可汗等——的地方，是他能够坚定不移地将草原帝国的疆域从大漠之边向南推进到华北，为他的继承者进而统一全国，奠定了基础。

自从唐朝安史之乱以后，北中国长期陷于割据状态。至契丹占据燕云十六州，白沟河便成了辽、宋两国不可逾越的深渊，河北三镇之地几成化外。十二世纪初女真南下，更把中国从淮河中流拦腰切断，分成两个天下。此外，西北有喀剌契丹（西辽）和夏，西南有大理、吐蕃，他们都各自为政，互相攻伐，把中国弄得四分五裂。当时这些割据政权，大都萎靡不振、偷生苟活，没有一个能够担当统一全国的重任。成吉思汗以勃兴的武力迫降畏兀儿、灭亡西辽、臣服西夏、击败金朝，扫除各族间的疆界，消灭分割汉族的墙壁，为后来的元王朝建立远盛于汉唐的大一统局面准备了一定的条件。成吉思汗对于中国历史发展的卓绝贡献，正在于此。

当然，由于蒙古军队的南下，也给封建经济和文化高度发展的中原地区，带来了不少落后的社会制度和因素，在一个相当的历史时期中对内地政治、经济和文化的发展造成若干消极的影响，这也是我们应当看到的。

成吉思汗的西征是比较复杂的历史现象。一方面，它确实给中亚、西亚以及欧洲不少国家和人民带来了巨大的灾难。人民被杀戮，城镇被毁灭，农田被破坏，致使这些地方的经济和文化严重凋敝。另一方面，它也冲破了亚欧各国的此疆彼界，促进了东西交通的沟通和文化交流。

正当成吉思汗统一蒙古高原时，花剌子模国王摩诃末也统一了中亚，双方都想继续对外扩张，掠夺邻国的财富，因而形成了对峙。成吉思汗本来就对他的儿子们说：“天下地区尽阔，教您各守封国。”他把掠夺他国领土和财富作为自己的职责。正巧遇上花剌子模边将杀了蒙古商人，又杀了蒙古的使臣，污辱了使团成员，这对素重复仇而又处于无往不胜时期的蒙古贵族是不能忍受的。这样，成吉思汗终于亲自率军西征，于是不花剌被焚毁，讹答剌被屠城，玉龙杰赤变成泽国，马鲁绿洲成为荒芜之地。

西征给各国人民带来了灾难，给蒙古广大牧民也带来了极大的苦痛。十五六岁的少年，六七十岁的老人都送上了前线，其中许多人葬身异国。邱处机在谒见成吉思汗而往返西域的途中，目睹战争对人民生命财产破坏的惨状，写下了这样的词句：“夹道横尸人掩鼻，溺溪长耳我伤情。十年万里干戈动，早晚回军复太平。”成吉思汗在西域遇见怪兽“用端”的传说，后来也被人们附会成告诫他早日班师的天意。这些都反映了东、西各国人民盼望结束残酷战争的一致愿望。

成吉思汗从动身西征起，便采用中原的交通制度，在通往西域的大道上，开辟“驿路”，设置“驿骑”“铺牛”“邮人”，把中原旧有驿站系统延伸到西域。这一艰巨事业一直延续到他的子孙时代。西征时带去大批汉族技术人员，沿途辟山开路，修筑桥梁，改善东西交通条件，为了维持道路上的安全，他还特别在交通大道上设置护路卫士，颁布保护来往商人安全的札撒，出现了东西交通畅通无阻的时代。

成吉思汗把东西交通大道上的此疆彼界扫除了，把阻碍经济文化交流的堡垒削平了，于是东西方的交往开始频繁，距离开始缩短了。中国的创造发明如火药、纸币、驿站制度等输出到西方。西方的药物、织造品、天文历法等也输入了中国。泉州和波斯忽里谟子之间有大量的商船定期往返，中国和东南亚各国（真腊、暹罗、爪哇、印度等）的使节和商人，在一定时期内几乎相望于道。由于海上交通频繁，艄公航海经验的积累，元朝中国航海家除了凭针路定向行船外，潮汛、风信、气象等规律也能初步掌握了。明初郑和西使，正可看作元朝海外交通事业的继续和发展。

附录：成吉思汗生平大事年表

1162年（壬午）　铁木真诞生于漠北斡难河畔。一岁。

1170年（庚寅）　九岁。铁木真之父也速该被塔塔儿人毒死。蒙古部乞颜氏衰落。

1189年（己酉）　二十八岁。乞颜氏族贵族联盟组成，推铁木真为汗。铁木真与札只剌部札木合发生“十三翼之战”。

1196年（丙辰）　三十五岁。斡里札河之战。铁木真和克烈部脱斡邻勒罕协助金朝击败塔塔儿人，金封铁木真为“札兀惕忽里”（乣军首领），封脱斡邻勒罕为王（即王罕）。

1200年（庚申）　三十九岁。与王罕共灭泰赤乌于斡难河。

1201年（辛酉）　四十岁。击溃以札木合为首的各部贵族联盟于海拉尔河，进灭塔塔儿，降服翁吉剌等部。

1203年（癸亥）　四十二岁。铁木真与王罕发生合兰真沙陀之战。未几，灭克烈部。

1204年（甲子）　四十三岁。整顿军马，按千户、百户、十户制编组军队成立护卫军。定怯薛制度。灭乃蛮太阳罕部。

1205年（乙丑）　四十四岁。初征西夏。

1206年（丙寅）　四十五岁。蒙古各部统一，铁木真在忽里勒台大会上被尊为成吉思汗。

1207年（丁卯）　四十六岁。二征西夏。

1209年（己巳）　四十八岁。三征西夏。畏兀儿归附蒙古。

1211年（辛未）　五十岁。统兵攻入金西北路边墙，取昌、桓、抚等山后诸州，于野狐岭北击溃金三十万守军。术赤、窝阔台由汪古部首领引导，自西南路入边，攻掠西京（大同）诸州县。

1213年（癸酉）　五十二岁。蒙古军主力袭克紫荆关，进围中都。

1214年（甲戌）　五十三岁。金宣宗献公主、金帛求和，撤围中都军，退至关外。

1215年（乙亥）　五十四岁。因金帝南迁复遣军入关，再攻中都，克之。

1216年（丙子）　五十五岁。成吉思汗退回漠北。

1217年（丁丑）　五十六岁。委木华黎经略中原。

1218年（戊寅）　五十七岁。遣术赤征服吉尔吉思及其他森林部落，遣哲别灭西辽。

1219年（己卯） 五十八岁。驻夏于也儿的石河，领兵西征。

1220年（庚辰） 五十九岁。克不花剌、撒马尔罕。遣哲别、速不台追击花剌子模沙摩诃末，摩诃末死于里海岛中。

1221年（辛巳） 六十岁。激战阿姆河。与拖雷分兵，命之攻掠呼罗珊等地。自领主力追溃花剌子模新王札兰丁于印度河。

1222年（壬午） 六十一岁。驻夏于大雪山。秋，班师。

1223年（癸未） 六十二岁。渡锡尔河东归。

1224年（甲申） 六十三岁。驻夏于也儿的石河。

1225年（乙酉） 六十四岁。还至蒙古。

1226年（丙戌） 六十五岁。出兵攻西夏，取甘、肃等州，围中兴府。

1227年（丁亥） 六十六岁。病死于清水县。

国家新闻出版广电总局
首届向全国推荐中华优秀传统文化普及图书

大家小书书目

国学救亡讲演录	章太炎 著 蒙 木 编
门外文谈	鲁 迅 著
经典常谈	朱自清 著
语言与文化	罗常培 著
习坎庸言校正	罗 庸 著 杜志勇 校注
鸭池十讲（增订本）	罗 庸 著 杜志勇 编订
古代汉语常识	王 力 著
国学概论新编	谭正璧 编著
文言尺牍入门	谭正璧 著
日用交谊尺牍	谭正璧 著
敦煌学概论	姜亮夫 著
训诂简论	陆宗达 著
文言津逮	张中行 著
经学常谈	屈守元 著
国学讲演录	程应镠 著
英语学习	李赋宁 著
笔祸史谈丛	黄 裳 著
古典目录学浅说	来新夏 著
闲谈写对联	白化文 著
汉字知识	郭锡良 著
怎样使用标点符号（增订本）	苏培成 著
汉字构型学讲座	王 宁 著
诗境浅说	俞陛云 著
唐五代词境浅说	俞陛云 著
北宋词境浅说	俞陛云 著

南宋词境浅说	俞陛云　著
人间词话新注	王国维　著　滕咸惠　校注
苏辛词说	顾　随　著　陈　均　校
诗论	朱光潜　著
唐五代两宋词史稿	郑振铎　著
唐诗杂论	闻一多　著
诗词格律概要	王　力　著
唐宋词欣赏	夏承焘　著
槐屋古诗说	俞平伯　著
读词偶记	詹安泰　著
词学十讲	龙榆生　著
词曲概论	龙榆生　著
唐宋词格律	龙榆生　著
楚辞讲录	姜亮夫　著
中国古典诗歌讲稿	浦江清　著 浦汉明　彭书麟　整理
唐人绝句启蒙	李霁野　著
唐宋词启蒙	李霁野　著
唐诗研究	胡云翼　著
风诗心赏	萧涤非　著　萧光乾　萧海川　编
人民诗人杜甫	萧涤非　著　萧光乾　萧海川　编
钱仲联谈诗词	钱仲联　著　罗时进　编
唐宋词概说	吴世昌　著
宋词赏析	沈祖棻　著
唐人七绝诗浅释	沈祖棻　著
道教徒的诗人李白及其痛苦	李长之　著
英美现代诗谈	王佐良　著　董伯韬　编
闲坐说诗经	金性尧　著
陶渊明批评	萧望卿　著
穆旦说诗	穆　旦　著　李　方　编
古典诗文述略	吴小如　著

诗的魅力 ——郑敏谈外国诗歌	郑　敏　著
新诗与传统	郑　敏　著
一诗一世界	邵燕祥　著
舒芜说诗	舒　芜　著
名篇词例选说	叶嘉莹　著
汉魏六朝诗简说	王运熙　著　董伯韬　编
唐诗纵横谈	周勋初　著
楚辞讲座	汤炳正　著 汤序波　汤文瑞　整理
好诗不厌百回读	袁行霈　著
山水有清音 ——古代山水田园诗鉴要	葛晓音　著
红楼梦考证	胡　适　著
《水浒传》考证	胡　适　著
《水浒传》与中国社会	萨孟武　著
《西游记》与中国古代政治	萨孟武　著
《红楼梦》与中国旧家庭	萨孟武　著
红楼梦研究	俞平伯　著
《金瓶梅》人物	孟　超　著　张光宇　绘
水泊梁山英雄谱	孟　超　著　张光宇　绘
水浒五论	聂绀弩　著
《三国演义》试论	董每戡　著
《红楼梦》的艺术生命	吴组缃　著　刘勇强　编
《红楼梦》探源	吴世昌　著
史诗《红楼梦》	何其芳　著 王叔晖　图　蒙　木　编
细说红楼	周绍良　著
红楼小讲	周汝昌　著　周伦玲　整理
曹雪芹的故事	周汝昌　著　周伦玲　整理

《儒林外史》简说	何满子　著
古典小说漫稿	吴小如　著
三生石上旧精魂 ——中国古代小说与宗教	白化文　著
中国古典小说名作十五讲	宁宗一　著
中国古典戏曲名作十讲	宁宗一　著
古体小说论要	程毅中　著
近体小说论要	程毅中　著
《聊斋志异》面面观	马振方　著
曹雪芹与《红楼梦》	张　俊　沈志钧　著
古稗今说	李剑国　著
我的杂学	周作人　著　张丽华　编
写作常谈	叶圣陶　著
中国骈文概论	瞿兑之　著
谈修养	朱光潜　著
给青年的十二封信	朱光潜　著
论雅俗共赏	朱自清　著
文学概论讲义	老　舍　著
中国文学史导论	罗　庸　著　杜志勇　辑校
给少男少女	李霁野　著
古典文学略述	王季思　著　王兆凯　编
古典戏曲略说	王季思　著　王兆凯　编
鲁迅批判	李长之　著
唐代进士行卷与文学	程千帆　著
说八股	启　功　张中行　金克木　著
译余偶拾	杨宪益　著
文学漫识	杨宪益　著
三国谈心录	金性尧　著
夜阑话韩柳	金性尧　著
漫谈西方文学	李赋宁　著

周作人概观　舒　芜　著
古代文学入门　王运熙　著　董伯韬　编
中国文化与世界文化　乐黛云　著
新文学小讲　严家炎　著
回归，还是出发　高尔泰　著
文学的阅读　洪子诚　著
中国文学1949—1989　洪子诚　著
鲁迅作品细读　钱理群　著
中国戏曲　么书仪　著
元曲十题　么书仪　著
唐宋八大家
——古代散文的典范　葛晓音　选译

辛亥革命亲历记　吴玉章　著
中国历史讲话　熊十力　著
中国史学入门　顾颉刚　著　何启君　整理
秦汉的方士与儒生　顾颉刚　著
三国史话　吕思勉　著
史学要论　李大钊　著
中国近代史　蒋廷黻　著
民族与古代中国史　傅斯年　著
五谷史话　万国鼎　著　徐定懿　编
民族文话　郑振铎　著
史料与史学　翦伯赞　著
秦汉史九讲　翦伯赞　著
唐代社会概略　黄现璠　著
清史简述　郑天挺　著
两汉社会生活概述　谢国桢　著
中国文化与中国的兵　雷海宗　著
元史讲座　韩儒林　著
魏晋南北朝史稿　贺昌群　著

汉唐精神	贺昌群　著
海上丝路与文化交流	常任侠　著
中国史纲	张荫麟　著
两宋史纲	张荫麟　著
北宋政治改革家王安石	邓广铭　著
从紫禁城到故宫 ——营建、艺术、史事	单士元　著
春秋史	童书业　著
史籍举要	柴德赓　著
明史简述	吴　晗　著
朱元璋传	吴　晗　著
明史讲稿	吴　晗　著
旧史新谈	吴　晗　著　习　之　编
史学遗产六讲	白寿彝　著
先秦思想讲话	杨向奎　著
司马迁之人格与风格	李长之　著
历史人物	郭沫若　著
屈原研究（增订本）	郭沫若　著
考古寻根记	苏秉琦　著
舆地勾稽六十年	谭其骧　著
魏晋南北朝隋唐史	唐长孺　著
秦汉史略	何兹全　著
魏晋南北朝史略	何兹全　著
司马迁	季镇淮　著
唐王朝的崛起与兴盛	汪　篯　著
南北朝史话	程应镠　著
二千年间	胡　绳　著
辽代史话	陈　述　著
考古发现与中西文化交流	宿　白　著
清史三百年	戴　逸　著
清史寻踪	戴　逸　著

走出中国近代史	章开沅　著
中国古代政治文明讲略	张传玺　著
艺术、神话与祭祀	张光直　著
	刘　静　乌鲁木加甫　译
中国古代衣食住行	许嘉璐　著
辽夏金元小史	邱树森　著
中国古代史学十讲	瞿林东　著
历代官制概述	瞿宣颖　著
中国武术史	习云泰　著
小平原　大城市	侯仁之　著　唐晓峰　编
黄宾虹论画	黄宾虹　著
中国绘画史	陈师曾　著
和青年朋友谈书法	沈尹默　著
中国画法研究	吕凤子　著
桥梁史话	茅以升　著
中国戏剧史讲座	周贻白　著
中国戏剧简史	董每戡　著
西洋戏剧简史	董每戡　著
俞平伯说昆曲	俞平伯　著　陈　均　编
新建筑与流派	童　寯　著
论园	童　寯　著
拙匠随笔	梁思成　著
中国建筑艺术	梁思成　著
野人献曝 ——沈从文的文物世界	沈从文　著　王　风　编
中国画的艺术	徐悲鸿　著　马小起　编
中国绘画史纲	傅抱石　著
龙坡谈艺	台静农　著
中国舞蹈史话	常任侠　著
中国美术史谈	常任侠　著

说书与戏曲	金受申　著
书学十讲	白　蕉　著
世界美术名作二十讲	傅　雷　著
中国画论体系及其批评	李长之　著
金石书画漫谈	启　功　著　赵仁珪　编
中国山水园林艺术	汪菊渊　著
故宫探微	朱家溍　著
中国古代音乐与舞蹈	阴法鲁　著　刘玉才　编
梓翁说园	陈从周　著
旧戏新谈	黄　裳　著
中国年画十讲	王树村　著　姜彦文　编
民间美术与民俗	王树村　著　姜彦文　编
长城史话	罗哲文　著
中国古园林六讲	罗哲文　著
现代建筑奠基人	罗小未　著
世界桥梁趣谈	唐寰澄　著
如何欣赏一座桥	唐寰澄　著
桥梁的故事	唐寰澄　著
园林的意境	周维权　著
皇家园林的故事	周维权　著
乡土漫谈	陈志华　著
中国古代建筑概说	傅熹年　著
中国造园艺术	曹　汛　著
简易哲学纲要	蔡元培　著
大学教育	蔡元培　著 北大元培学院　编
老子、孔子、墨子及其学派	梁启超　著
新人生论	冯友兰　著
中国哲学与未来世界哲学	冯友兰　著
春秋战国思想史话	嵇文甫　著

晚明思想史论	嵇文甫　著	
谈美	朱光潜　著	
谈美书简	朱光潜　著	
中国古代心理学思想	潘　菽　著	
新人生观	罗家伦　著	
佛教基本知识	周叔迦　著	
儒学述要	罗　庸　著	杜志勇　辑校
老子其人其书及其学派	詹剑峰　著	
周易简要	李镜池　著	李铭建　编
希腊漫话	罗念生　著	
佛教常识答问	赵朴初　著	
维也纳学派哲学	洪　谦　著	
逻辑学讲话	沈有鼎　著	
大一统与儒家思想	杨向奎　著	
孔子的故事	李长之　著	
西洋哲学史	李长之　著	
哲学讲话	艾思奇　著	
中国文化六讲	何兹全　著	
墨子与墨家	任继愈　著	
中华慧命续千年	萧萐父　著	
儒学十讲	汤一介　著	
汉化佛教与佛寺	白化文　著	
传统文化六讲	金开诚　著	金舒年　徐令缘　编
美是自由的象征	高尔泰　著	
艺术的觉醒	高尔泰　著	
中华文化片论	冯天瑜　著	
儒者的智慧	郭齐勇　著	
中国政治思想史	吕思勉　著	
市政制度	张慰慈　著	
政治学大纲	张慰慈　著	

民俗与迷信	江绍原　著　陈泳超　整理
政治的学问	钱端升　著　钱元强　编
从古典经济学派到马克思	陈岱孙　著
乡土中国	费孝通　著
社会调查自白	费孝通　著
怎样做好律师	张思之　著　孙国栋　编
中西之交	陈乐民　著
律师与法治	江　平　著　孙国栋　编
中华法文化史镜鉴	张晋藩　著
新闻艺术（增订本）	徐铸成　著
中国化学史稿	张子高　编著
中国机械工程发明史	刘仙洲　著
天道与人文	竺可桢　著　施爱东　编
中国医学史略	范行准　著
优选法与统筹法平话	华罗庚　著
数学知识竞赛五讲	华罗庚　著
中国历史上的科学发明（插图本）	钱伟长　著
创造	傅世侠　著
数学趣谈	陈景润　著
科学与中国	董光璧　著
易图的数学结构（修订版）	董光璧　著

出版说明

“大家小书”多是一代大家的经典著作，在还属于手抄的著述年代里，每个字都是经过作者精琢细磨之后所拣选的。为尊重作者写作习惯和遣词风格、尊重语言文字自身发展流变的规律，为读者提供一个可靠的版本，“大家小书”对于已经经典化的作品不进行现代汉语的规范化处理。

提请读者特别注意。

北京出版社